国家社会科学基金青年项目(15CTJ007)
陕西省“特支计划”青年拔尖项目
陕西省普通高等学校优势学科建设项目

国家社科基金丛书
GUOJIA SHEKE JIJIN CONGSHU

中国经济增长潜力：测度判断与方向路径

The Measurement of China's Potential Economic Growth and Future Development Path

魏 婕 著

人 民 出 版 社

策划编辑：郑海燕
封面设计：石笑梦
版式设计：胡欣欣
责任校对：周晓东

图书在版编目(CIP)数据

中国经济增长潜力：测度判断与方向路径/魏婕 著.—北京：人民出版社，
2024.1

ISBN 978-7-01-026095-2

Ⅰ.①中… Ⅱ.①魏… Ⅲ.①中国经济-经济增长-研究 Ⅳ.①F124.1

中国国家版本馆 CIP 数据核字(2023)第 215984 号

中国经济增长潜力：测度判断与方向路径

ZHONGGUO JINGJI ZENGZHANG QIANLI：CEDU PANDUAN YU FANGXIANG LUJING

魏 婕 著

人民出版社 出版发行

（100706 北京市东城区隆福寺街 99 号）

中煤(北京)印务有限公司印刷 新华书店经销

2024 年 1 月第 1 版 2024 年 1 月北京第 1 次印刷

开本：710 毫米×1000 毫米 1/16 印张：13.5

字数：70 千字

ISBN 978-7-01-026095-2 定价：70.00 元

邮购地址 100706 北京市东城区隆福寺街 99 号

人民东方图书销售中心 电话 (010)65250042 65289539

序

经过改革开放40多年的发展，中国实现经济的高速增长和社会的长期稳定发展。进入新时代，中国经济开始从"高速增长"阶段转入"高质量发展"阶段。面临"逆全球化"日益加剧、人口老龄化加快、环境治理硬约束以及新科技革命的挑战，中国经济未来如何应对成为研究的热点。未来要通过改革释放经济增长潜能，推动国民经济迈向可持续高质量发展新征程。《中共中央关于制定国民经济和社会发展第十四个五年规划和二〇三五年远景目标的建议》对未来5年和15年的发展目标、战略和重点作出了具体部署。党的二十大报告提出，从现在起，中国共产党的中心任务就是团结带领全国各族人民全面建成社会主义现代化强国、实现第二个百年奋斗目标，以中国式现代化全面推进中华民族伟大复兴。

研判我国经济增长潜力，不论是对中长期经济发展规划和公共政策制定，还是对短期的宏观调控，都是一项重要的基础性工作。特别是对像我国这样当前正处于经济增速换挡期、发展理念转变期、发展格局调整期的发展中大国而言，这项工作显得更为重要。更重要的是，2020—2035年是中国迈向社会主义现代化强国的关键时期，如何有的放矢地开发增长潜力，防范经济增速跌落以及失速风险，多措并举为迈向社会主义现代化强国保驾护航，是值得研究的重要课题。我的学生魏婕从硕士阶段开始就在我的指导下从事经济增长质量相关问题的研究,至今是我们经济增长质量研究团队的核心成员。本书是她主持的国家社会科学基金青年项目“新常态背景下中国经济增长潜力的测度及趋势分析研究”的成果。通读书稿,我认为该书稿有以下五个特点:

第一,在宏观经济环境发生根本性变化的背景下,对中国经济增长潜力进行了扩展研究。本书立足于中国经济新发展阶段,认为中国宏观经济环境发生了变化,表现为中国发展阶段发生显著的转变、经济进入增速换挡期、以资源为核心的红利在消退、结构转变在加速、技术赶超的速度在加快。基于此,本书对面向 2035 年中国经济增长潜力问题进行两个层面的扩展:一是在理论层面,构建一个“技术赶超”“结构优化”“扭曲矫正”三维度影响中国经济增长潜力的框架,全面系统地回答在新发展阶段中国经济增长潜力到底有多大;二是在方法层面,运用贝叶斯—吉伯斯样本(Bayesian Gibbs Sampler,BGS)生成状态空间模型的一个增长潜力新估算方法重估与预测未来中国经济的增长潜力,为未来长期发展和短期调控提出切实可行的政策建议。

第二,讨论宏观环境变化对资源投入及全要素生产率的影响。本书的学术价值在于,根据中国经济进入“新发展阶段”的特征,将宏观环境变化最为核心的技术创新、结构变化、配置改善纳入估算框架,讨论宏观环境变化对资源投入及全要素生产率的影响。

第三,预估了中国经济增长可能的潜力及基本的趋势。本书的应用价值在于,从经济迈入新发展阶段的大背景出发,预估中国经济增长可能的潜力及基本的趋势,为未来中国经济走向,提出开发经济增长潜力的路径和政策。

第四,测算了 2035 年中国基本实现社会主义现代化时的经济增长潜力。本书认为未来中国经济发展趋势以及经济增长潜力的开发应有三个维度:一是从技术追赶到技术前沿的演变中,创新释放的能量是新发展阶段中国经济的新引擎;二是经济结构发生深刻变化带来的“结构红利”是新发展阶段中国经济的新动能;三是纠偏资源错配创造的配置效率提升是新发展阶段中国经济的新支撑。据此,本书预测了基于技术赶超视角、结构优化视角和配置效率改善视角下的中国经济增长潜力，认为中国作为技术追赶国、技术赶超领先国会带来全要素生产率（Total Factor Productivity，TFP）增进，在空间视角下城市层面的生产性服务业与制造业协同会带来的全要素生产率改善，在企业及行业矫正资源错配后会带来全要素生产率提升。未来中国经济增长潜力开发的三大重点和方向：一是推动瞄准技术前沿的自主创新为中国经济增长潜力扩展新空间；二是发挥"结构红利"为中国经济增长潜力提升谋求新思路；三是通过资源错配为中国经济增长潜力寻找新着力点。

第五，提出了面向2035年未来中国经济增长潜力的路径。本书从四个方面形成中国经济增长潜力的开发路径：构建以创新为先导的新动能培育来实现经济增长动力转变；促进以产业升级为抓手的新模式形成来实现经济增长机制革新；加大以区域整合为思路的新路径探索来实现经济增长空间拓展；敦实以资源优化配置为根基的新条件支撑来实现经济增长基础提升。具体而言，未来提升面向2035年中国经济增长潜力的政策启示集中在三个方面：一是数字经济时代践行创新驱动发展战略，提升经济增长潜力；二是以全面改革和战略调整形成新发展格局，释放经济增长潜力；三是以高质量发展为中国经济战略部署，支撑经济增长潜力开发。

可以说，本书是对中国经济长期发展潜力和趋势的研究，对实现高水平科技自立自强、构建新发展格局、促进要素市场化配置综合改革等有一定的意义。

是为序。

任保平

2023年6月于西北大学长安校区

目　　录

导　论 …………………………………………………………………… 001
第一节　研究背景和意义 …………………………………………… 001
第二节　研究思路和研究方法 ……………………………………… 002
第三节　研究内容和框架安排 ……………………………………… 003

第一章　中国经济增长潜力的相关研究 ………………………… 007
第一节　中国经济增长潜力的估算研究 ………………………… 008
第二节　中国经济增长潜力估算的具体方法 …………………… 014
第三节　影响中国经济增长潜力的因素研究 …………………… 022
第四节　研究现状评价 ……………………………………………… 031

第二章　中国宏观经济环境变化以及传统测算方法的局限性 ……………………………………………………… 033
第一节　中国发展阶段转换的典型事实 ………………………… 033
第二节　资源禀赋变化的典型事实 ……………………………… 038
第三节　中国经济增长潜力传统测算方法的局限性和不适用性 ……………………………………………………… 052

第三章 中国经济增长潜力估算和分析的基准模型 …………… 055
第一节 中国经济增长潜力估算的基本方法 …………………… 055
第二节 基础指标的讨论和确定………………………………… 058
第三节 资本、劳动和全要素生产率的估计 …………………… 063
第四节 1978—2020年中国经济潜在产出的测算结果 ………… 066
第五节 中国经济增长潜力的预测 ……………………………… 073

第四章 技术赶超视角下中国经济增长潜力的估算和研判 … 083
第一节 技术能力演化新视角分析中国经济增长潜力的必要性 ……………………………………………………… 083
第二节 技术赶超过程影响中国经济增长潜力的机理 ………… 086
第三节 中国制造业企业技术水平在全球的方位 ……………… 091
第四节 技术差距、自主创新影响全要素生产率 ……………… 103
第五节 技术赶超情形下中国经济增长潜力的估算 …………… 110

第五章 结构优化视角下中国经济增长潜力的估算和研判…… 117
第一节 结构转化与“结构性减速” …………………………… 117
第二节 生产性服务业与制造业协同对中国经济增长潜力的影响 ………………………………………………………… 122
第三节 生产性服务业与制造业协同对全要素生产率的贡献估计 ………………………………………………………… 125
第四节 结构优化情形下中国经济增长潜力的估算 …………… 140

第六章 资源配置效率改善视角下中国经济增长潜力的估算和研判 ……………………………………………… 145
第一节 资源错配对经济增长潜力的影响机制 ………………… 145

第二节　中国资源错配测度的框架 ………………………………… 147
第三节　中国资源重新分配对制造业潜在全要素生产率的影响 ……………………………………………… 154
第四节　资源错配纠正情形下中国经济增长潜力的估算 ………… 157

第七章　开发中国经济增长潜力的路径探讨 …………………………… 164
第一节　开发中国经济增长潜力的路径 ……………………………… 164
第二节　开发中国经济增长潜力的政策支撑 ………………………… 170
第三节　开发中国经济增长潜力的政策建议 ………………………… 181

参考文献 ……………………………………………………………… 193
后　记 ………………………………………………………………… 205

导　论

第一节　研究背景和意义

中国经济经过 40 多年的高速增长，已面临资源环境约束、适龄劳动人口减少以及数字技术冲击等的挑战，未来经济增长的潜力究竟处于何种水平，不仅直接关系到宏观经济调控方式和目标制定，也关系到中国经济增长政策和发展模式的选择，这些都已成为经济学界和政策制定者高度关注的话题。《中共中央关于制定国民经济和社会发展第十四个五年规划和二〇三五年远景目标的建议》明确指出，到 2035 年"我国经济实力、科技实力、综合国力将大幅跃升""全体人民共同富裕取得更为明显的实质性进展"。① 党的二十大报告提出，"中国共产党的中心任务就是团结带领全国各族人民全面建成社会主义现代化强国、实现第二个百年奋斗目标，以中国式现代化全面推进中华民族伟大复兴"。"没有坚实的物质技术基础，就不可能全面建成社会主义现代化强国"。② 因此保持合理的经济增长，推进经济增长质与量高度统一，是

---

① 《中共中央关于制定国民经济和社会发展第十四个五年规划和二〇三五年远景目标的建议》，人民出版社 2020 年版，第 4 页、第 5 页。

② 参见习近平：《高举中国特色社会主义伟大旗帜　为全面建设社会主义现代化国家而团结奋斗——在中国共产党第二十次全国代表大会上的报告》，人民出版社 2022 年版，第 28 页。

实现中国式现代化的内在要求。经济增长的研究大多从内生经济增长理论出发,研究一国经济增长的变动规律,探讨影响经济增长的因素,总结经济增长的经验和教训,以期为更多的国家加快发展提供理论参考和借鉴。所以经济学长于“解释”,疏于“预测”,对一国或一地区经济增长潜力估算和预测的研究十分有限。

本书在综述已有文献研究的基础上,认为传统估算经济增长潜力的方法需要革新和修正,并提出基于贝叶斯—吉伯斯样本(Bayesian Gibbs Sampler,BGS)生成状态空间模型的经济增长潜力估算方法,测算了中国未来的经济增长潜力。本书认为,未来中国经济发展趋势以及经济增长潜力的开发应基于这三个维度:一是从技术追赶到技术前沿的演变中创新释放的能量是新发展阶段中国经济的新引擎;二是经济结构发生深刻变化带来的“结构红利”是新发展阶段中国经济的新动能;三是纠偏资源错配创造的配置效率提升是新发展阶段中国经济的新环境。

第二节　研究思路和研究方法

本书沿着“逻辑机理分析—计算方法选择—具体估算和预测—政策调整分析”的路径,通过对技术赶超,结构优化、资源配置效率三个维度的研究,探讨面向新发展阶段中国经济增长潜力估算以及趋势预测等问题。

采用的研究方法有:

第一,演绎与归纳分析法。从经济新发展阶段的背景出发,分析宏观经济环境变化影响经济增长潜力的逻辑机理,采取逻辑演绎和归纳分析的方法研究资源结构变化等宏观环境变化与经济增长潜力的内在关系,并构建本书的基本理论分析框架。特别是在三个视角下,分别阐述了技术赶超、结构优化和配置效率改善三大因素和经济增长潜力的逻辑关系,并为后续基于三大视角测算中国经济增长潜力奠定了理论基础。

第二，基于贝叶斯—吉伯斯样本生成的状态空间模型估计法。本书选择状态空间模型作为经济增长潜力的具体估算方法，其中在估计状态空间模型时放弃传统的卡尔曼滤波的方法，采用较为先进的贝叶斯—吉伯斯样本生成的方法，这也是贯穿本书始终的基本方法。

第三，面板数据分析方法。本书在研究影响经济增长潜力的技术赶超、结构优化和配置效率改善的三个方面时，采取了静态面板固定效应方法、广义矩估计（Generalized Method of Moments，GMM）、空间计量等面板数据的分析方法。

第四，数值模拟法。在最终估算未来中国经济增长潜力时，采用相关参数进行数值模拟及预测，力争估算出符合中国实际未来的经济增长潜力和趋势。

第三节　研究内容和框架安排

本书以面向 2035 年新发展阶段为背景，以中国经济增长潜力为研究对象，估计未来一段时间内中国经济增长可能的潜力、基本态势以及变化趋势，并通过对相关影响因素的分析，探讨中国经济增长潜力的基本路径和政策取向。

本书研究内容及框架安排如下。

第一章，中国经济增长潜力的相关研究。该部分梳理了有关中国经济增长潜力的相关研究成果。首先从经济学说史的角度梳理了经济增长潜力的内涵；其次对估算中国经济增长潜力多寡的研究进行了概括和总结；再次对中国经济增长潜力估算的具体方法进行了分类归纳；最后对影响中国经济增长潜力开发的因素进行了梳理和分类。在此基础上指出已有研究的不足以及本书的研究方向。

第二章，中国宏观经济环境变化以及传统测算方法的局限性。该部分首先对新发展阶段的中国宏观经济环境变化进行了归纳和总结,发现中国发展阶段转换和资源禀赋变化已成为典型事实。所以在新发展阶段背景下,传统测算中国经济增长潜力的方法存在局限性,需要考虑中国作为转型经济体以及进入新时代的现实状况,详细论述宏观经济环境变化对经济增长潜力的测算方法和步骤。

第三章,中国经济增长潜力估算和分析的基准模型。该部分详细论述了基于贝叶斯—吉伯斯样本生成状态空间模型的经济增长潜力估算方法的步骤以及逻辑,在基准状态下,测算了规模报酬不变和规模报酬变化情况下中国1979—2020年40多年潜在产出的大小,并在此基础上对2021—2035年的中国经济增长潜力和发展趋势进行了预判,发现中国未来地区生产总值的增速将出现较为明显的下滑。同时强调在新发展阶段下中国整个经济形态将发生根本性的变化,所以在技术进步、结构转型、资源错配纠偏等方面都会对中国经济增长潜力产生影响。

第四章,技术赶超视角下中国经济增长潜力的估算和研判。该部分强调作为技术后发国的中国正在进入技术赶超新阶段——“技术创造”阶段,以自主创新为核心的“中国创造”将会在未来创造出新的经济增长潜力。据此重估和预测未来中国经济的潜力,从一个独特的视角出发来回答中国经济增长潜力到底有多大这个问题,即将技术赶超纳入基于贝叶斯—吉伯斯样本生成的状态空间模型。在考虑中国未来技术赶超的情境下,利用国别数据计算出中国与发达国家的技术差距以及技术追赶的速度对中国全要素生产率的改善效果,在此基础上估算出中国在2030年前维持着经济增长潜力5%的中速增长,到2035年维持着4.5%的增长速度。于是未来中国要谋求经济增长潜力的开发,根本途径在于推动瞄准技术前沿的自主创新来践行技术赶超和创新驱动,为中国经济增长潜力扩展新的空间。

第五章,结构优化视角下中国经济增长潜力的估算和研判。该部分从中国经济发展是否存在结构性减速这一典型事实出发,认为经济结构向服务业为主的转化过程中生产性服务业和制造业的协同将会对整体的全要素生产率产生“1+1>2”的效应。鉴于此，本书估算了中国城市层面的生产性服务业与制造业协同对全要素生产率的贡献，计算出生产性服务业和制造业协同集聚对本地生产率的影响总效应为 0.308。并以此为基础得到了 2021—2035 年中国在结构优化状态下的经济潜在增速。由于“结构红利”会对经济增长潜力有明显的提升，在考虑结构优化的情景下，2035 年前中国将能维持 4.5%以上的经济增长潜力。所以未来以结构优化为核心来谋求经济增长潜力将十分重要。

第六章，资源配置效率改善视角下中国经济增长潜力的估算和研判。该部分讨论了中国目前资源错配的研究现状以及对中国经济增长潜力的影响机制，认为资源得不到有效的配置，导致价格扭曲、效率低下、全要素生产率损失，进而阻碍经济长期可持续发展。鉴于此，本书对中国资源错配程度进行了测算，选择 2007—2019 年中国 A 股 3601 家公司数据为研究对象计算出 2007—2019 年由于资源错配带来的全要素生产率损失大小。进一步基于资源错配纠正估算了中国经济增长潜力，在 2030 年前中国经济潜在增长率能保持在 5%以上，之后虽有下滑但持续到 2035 年经济增长潜力年均增速保持在 4.5%以上，由此可见，中国还将维持一段时间的中速增长。所以新发展阶段中国既要保持一定增长率，又要实现高质量发展，改善当前的资源配置效率是提高生产率和人均收入最可行的途径。

第七章，开发中国经济增长潜力的路径探讨。根据中国经济增长潜力的变动状况，探讨中国经济增长潜力的路径以及政策取向。关于未来中国经济增长潜力的路径主要有四个方面：构建以创新为先导的新动能培育来实现经济增长动力转变；促进以产业升级为抓手的新模式形成来实现经济增长机制革新；加大以区域整合为思路的新路径探索来实现经济增长空间拓展；夯实以资源优化配置为根基的新条件支撑来实现经济增长基础提升。在政策方面要实现创新驱动政策、产业政策、区域政策以及宏观调控政策的转型。关于提升中国经济增长潜力的政策启示集中在三个方面:一是数字经济时代践行创新驱动发展战略,提升经济增长潜力;二是以全面深化改革新发展格局,释放经济增长潜力;三是以高质量发展部署中国经济战略,支撑经济增长潜力开发。

第一章　中国经济增长潜力的相关研究

自新古典经济学致力于研究长期经济增长开始，经济学的核心被放置在对经济增长动力和源泉的探索之中。早期哈罗德（Harrod，1939）①和多玛（Domar，1946）②沿着凯恩斯（Keynes，1936）③宏观短期框架中潜在产出的逻辑，将经济增长率分成三种：实际增长率、合意增长率和自然增长率，其中自然增长率代表经济能达到的最大可能。沿着这样的思路，经济资源是否实现充分利用成为界定经济增长潜力的核心。萨缪尔森（Samuelson，1948）④认为，一国经济增长潜力是指该国人口和技术都得到了充分利用的情况下经济系统所能实现的增长率；奥肯（Okun，1962）⑤则认为存在市场自由和价格稳定的前提条件下，失业率为4%时经济体所能达到的最大增长率则为经济增长潜

① Harrod R.F.，"An Essay in Dynamic Theory"，*The Economic Journal*，Vol. 193，1939.

② Domar E. D.，"Capital Expansion，Rate of Growth，and Employment"，*Econometrica*，Vol. 14，No. 2，1946.

③ Keynes J. M.，*The General Theory of Employment，Interest and Money*，London：Macmillan，1936.

④ Samuelson P. A.，"International Trade and the Equalization of Factor Price"，*The Economic Journal*，No. 7，1948.

⑤ Okun A.，"Potential GNP：Its Measurement and Significance"，*Proceedings of Business and Economics Section*，1962.

力;斯蒂格勒茨(Stiglitz,1997)①将所有资源得到充分利用时的增长率定义为经济增长潜力;布兰查德(Blanchard,2000)②同样认为在经济处于自然失业率时其他资源得到充分利用情况下的增长率被认为是经济增长潜力。

后续研究者从内生经济增长角度,扩展了影响经济增长潜力的因素:从静态角度来看,卡尔多(Kaldor,1954)③将复杂的经济增长过程用三大特征进行描述,即人口增长、技术进步和资本积累。在资本和生产的技术函数既定的条件下,经济增长的潜力最终取决于国民收入中用于储蓄的比例。依照这一思想,拉尼斯和费景汉(Ranis 和 Fei,1961)④将经济增长定义为由制度变迁促进资源配置优化进而实现社会最大经济潜力的过程。从动态角度来看,经济增长潜力还受到有效劳动力供给潜力的约束。进一步地,当把劳动生产率看作由技术因素决定的变量时,则技术进步潜力就成为决定经济增长潜力的另一个内生的独立要素。

在已有经济理论的基础上,学者对中国经济增长潜力的研究也十分充分。本书分三个层面进行梳理。

第一节　中国经济增长潜力的估算研究

对中国经济增长潜力的估算,和时间维度高度相关。因为随着时间的推移,宏观基本面时刻在发生变化,所以对经济增长潜力的测算也需要基于新形势、新情况进行新估算,鉴于此,我们以时间轴对中国经济增长潜力大小的计

---

① Stiglitz J.,"Reflections on the Natural Rate Hypothesis",*Journal of Economic Perspectives*,Vol. 11,No. 1,1997.

② Blanchard O. J.,"What Do We Know about Macroeconomics that Fisher and Wicksell Did Not?",*The Quarterly Journal of Economics*,Vol. 115,No. 4,2000.

③ Kaldor N.,"The Relation of Economic Growth and Cyclical Fluctuations",*Economic Journal*,Vol. 64,No. 253,1954.

④ Ranis G.,Fei J. C. H.,"A Theory of Economic Development",*American Economic Review*,Vol. 51,No. 4,1961.

算进行梳理①：

一、2005—2010 年相关文献的预测

福格尔(Fogel,2016)②的估计相对乐观,他预测 2001—2040 年的长时段中,中国年均增长率为 8.4%,2040 年中国经济将达到 123 万亿美元,是 2000 年全球 GDP 的近三倍。帕金斯和罗斯基(Perkins 和 Rawski,2008)③在传统的道格拉斯生产函数基础上增加生产率时间趋势项,预测在 2006—2015 年这 10 年内中国国内生产总值年均增长率在 6%—8%。张延群和娄峰(2009)④利用柯布—道格拉斯生产函数和索洛经济增长模型实证分析预测 2009—2020 年的中国经济,年均增长速度会明显低于改革开放 30 年以来的平均增长速度。在比较乐观的假设基础上,2008—2020 年平均增长速度为 7%—8%,在较差的情况下,只能达到 5%—6%。李和红(Lee 和 Hong,2010)⑤运用增长核算框架,发现过去 30 年亚洲国家的发展均源于快速的资本积累,教育和全要素生产率贡献有限,估计中国 2011—2030 年国内生产总值增长的中位值为年均 6.1%。

二、2010—2015 年相关文献的预测

汇丰银行(HSBC,2010)估算中国 2010—2020 年潜在增长率为 6.7%,2020—2030 年下滑到 5.5%,到 2030—2040 年进一步下滑到 4.4%,2040—

---

① 在此,本书只梳理"十三五"期间和之后的预测,之前年份的预测则无梳理的必要。

② Fogel R.W.,Why China is Likely to Achieve its Growth Objectives,*NBER Working Papers*,2016.

③ Perkins D. H.,Rawski T.,*Forecasting China's Economic Growth to 2025* (*China's Great Economic Transformation*),Cambridge:Cambridge University Press,2008.

④ 张延群、娄峰:《中国经济中长期增长潜力分析与预测:2008—2020 年》,《数量经济技术经济研究》2009 年第 12 期。

⑤ Lee J. W.,Hong K.,"Economic Growth in Asia: Determinants and Prospects",*Japan and the World Economy*,Vol. 24,No. 2,2010.

2050年则为1.7%。刘世锦等(2011)①认为中国在2015年前后(2015—2017年)经济潜在增长率会下一台阶,预计平均为7%。中国经济增长前沿课题组(2012)②预测2020年中国人均GDP为9226美元,达到近1万美元的水平,2030年达到1.5万美元左右的水平,跨过“中等收入陷阱”,进入发达国家行列。同时中国2016—2020年潜在增长率为5.7%—6.6%,2021—2030年则进一步降到5.4%—6.3%。艾森格林等(Eichengreen等,2012)③预测2012—2020年中国经济增长率为6.1%—7%,2020—2030年为5%—6.2%。林毅夫(2012)④结合日、韩等国的发展历程和经验,认为基于趋同的规律,中国未来20年的经济增长速度能保持在8%左右。经济合作与发展组织(OECD,2012)⑤测算2011—2030年中国经济潜在增长率为6.6%,2030—2060年则下滑到2.3%。世界银行、国务院发展研究中心课题组(2013)⑥测算中国经济潜在增长率在2016—2020年为7%,2021—2025年则降到5.9%,2026—2030年进一步下降,将为5%。陆旸和蔡昉(2013)⑦在考虑人口政策的基础上测算中国“十二五”期间平均增长潜力为7.55%,“十三五”期间将降到6.2%。同时随着人口结构的变化,2021—2025年将进一步降低到5.41%,2026年之后会低于5%,而2040年则将低于4%。普利切特和萨默斯(Pritchett和

① 刘世锦、许伟、刘培林:《中国经济潜在增长速度转折的时间窗口测算》,《发展研究》2011年第10期。

② 中国经济增长前沿课题组:《中国经济长期增长路径、效率与潜在增长水平》,《经济研究》2012年第11期。

③ Eichengreen B., Park D., Shin K., “When Fast-Growing Economies Slow Down: International Evidence and Implications for China?”, *Asian Economic Papers*, Vol. 11, No. 1, 2012.

④ 林毅夫:《展望未来20年中国经济发展格局》,《中国流通经济》2012年第6期。

⑤ OECD, “Looking to 2060: Long-term Global Growth Prospects”, *OECD Economic Policy Papers*, No. 3, 2012.

⑥ 数据来源于世界银行WDI(World Development Indicator)数据库。

⑦ 陆旸、蔡昉:《调整人口政策对中国长期潜在增长率的影响》,《劳动经济研究》2013年第1期。

Summers，2014）①基于趋中律的原则以及全球主要发达国家的经验，认为中国2013—2023年将保持5.01%的平均增长率，而2023—2033年将进一步下降到3.28%。黄志钢和刘霞辉（2014）②在考虑三因素的前提下预测2019—2030年中国经济潜在增长率为5.13%。

三、2015年至今相关文献的预测

华夏新供给经济学研究院中国新供给经济学人论坛（2015）③认为，中国到2049年GDP将达到155.5万亿美元，占全球GDP的比例为24.9%，是美国经济总量的1.8倍。屈宏斌（2015）④测算的中国2014—2020年经济潜在增长率为8.6%。郭豫媚和陈彦斌（2015）⑤预测2015—2020年中国经济潜在增长率下滑到6.3%的低位。吴国培、王伟斌和张习宁（2015）⑥在1978—2002年中国经济潜在产出估算的基础上，预测2016—2020年中国经济平均增速为7%。李稻葵等（2015）⑦认为中国未来10—15年仍具备7%或以上的中高速增长的潜力。张军、徐力恒和刘芳（2016）⑧基于收敛假说参照东亚经济体的发展经验，推测中国经济2015—2035年的增长潜力为6.02%。普华

---

① Pritchett L.，Summers L. H.，"Asiaphoria Meets Regression to the Mean"，*NBER Working Papers Series*，2014.

② 黄志钢、刘霞辉：《中国经济中长期增长的趋势与前景》，《经济学动态》2014年第8期。

③ 华夏新供给经济学研究院中国新供给经济学人论坛：《以增加有效供给的"聪明投资"促进稳增长、促改革、优结构、护生态、惠民生的建议》，《经济研究参考》2015年第4期。

④ 屈宏斌：《中国潜在增长率究竟几何》，《发展》2015年第2期。

⑤ 郭豫媚、陈彦斌：《中国潜在经济增长率的估算及其政策含义：1979—2020》，《经济学动态》2015年第2期。

⑥ 吴国培、王伟斌、张习宁：《新常态下的中国经济增长潜力分析》，《金融研究》2015年第8期。

⑦ 李稻葵、石锦建、金星晔：《"十三五"时期中国经济增长潜力和前景分析》，《投资研究》2015年第12期。

⑧ 张军、徐力恒、刘芳：《鉴往知来：推测中国经济增长潜力与结构演变》，《世界经济》2016年第1期。

永道(PWC,2017)①则预测中国2016—2050年的潜在增长率为2.6%。杜修立和郑鑫(2017)②考虑人口和产业结构变化预测"十三五"期间中国经济增长率将出现下降,处于6.22%—7.17%的水平。国家发展改革委投资研究所课题组(2017)③预计"十三五"期间中国的经济增长潜力为5.7%—7.5%。郭学能和卢盛荣(2018)④基于供给侧结构性改革的背景测算中国经济潜在增长率,在基准和悲观的情况下,2016—2020年平均分别为6.9%和6.5%;2021—2025年平均略有下滑,到6.3%和5.8%;2026—2030年则分别为6.0%和5.7%;2031—2035年则下滑到5%以下,分别为4.9%和4.4%;2036—2040年则分别为4.6%和4.3%。易信和郭春丽(2018)⑤估算了三种情形,认为2030年中国经济潜在增长率分别下降到5.6%、4.9%和4.2%,2050年则下降到4.2%、3.7%和3.1%。李标等(2018)⑥估算中国经济潜在增长率,2017—2020年为6.6%,2021—2025年为6.02%,2026—2030年为5.52%,2031—2035年为5.05%,2036—2040年为4.56%,2041—2045年为4.16%,2046—2049年为4.02%。综上,2017—2049年平均潜在增长率为5.12%。中国社会科学院宏观经济研究中心课题组(2020)⑦测算结果为"十四五"时期中国经济潜在增长率会降低至平均5.5%的水平。从2027年开始,中国经济潜在增速会降低到5.0%以下,2035年的潜在增速约为4.2%。

---

① PWC, "The Long View: How Will the Global Economic Order Change by 2050?",2017.

② 杜修立、郑鑫:《人口结构、产业结构与中国经济潜在增长率》,《统计与信息论坛》2017年第3期。

③ 国家发展改革委投资研究所课题组:《促进经济中高速增长的路径与措施》,《宏观经济研究》2017年第1期。

④ 郭学能、卢盛荣:《供给侧结构性改革背景下中国潜在经济增长率分析》,《经济学家》2018年第1期。

⑤ 易信、郭春丽:《未来30年我国潜在增长率变化趋势及2049年发展水平预测》,《经济学家》2018年第2期。

⑥ 李标、齐子豪、丁任重:《改革进程中的中国潜在GDP增长率:估计及预测》,《当代经济科学》2018年第6期。

⑦ 中国社会科学院宏观经济研究中心课题组:《未来15年中国经济增长潜力与"十四五"时期经济社会发展主要目标及指标研究》,《中国工业经济》2020年第4期。

刘伟和陈彦斌(2020)①估算认为2020—2035年中国经济潜在增速的平均水平将下降至3.76%,其中,2020—2025年的年均增速为5.12%,2026—2030年为3.99%,2031—2035年为2.21%。李建伟(2020)②认为未来我国经济潜在增长率将呈逐年下调走势,预计下调到2025年的5.4%、2035年的3.9%。

按时间将中国经济增长潜力估算研究汇总为表1-1。

表1-1　相关学者对中国经济增长潜力估算的汇总表

时间段	估算增速	学者及文献研究时间
约2016—2020年(“十三五”期间)	8%以上	福格尔(Fogel,2016)、林毅夫(2012)、屈宏斌(2015)
	7.0%—7.9%	张延群和娄峰(2009)、刘世锦等(2011)、世界银行和国务院发展研究中心课题组(2013)、吴国培等(2015)、李稻葵等(2015)
	6.0%—6.9%	汇丰银行(HSBC,2010)、艾森格林等(Eichengreen等,2012)、经济合作与发展组织(OECD,2012)、杜修立和郑鑫(2017)、国家发展改革委投资研究所课题组(2017)、李和红(Lee和Hong,2010)、中国经济增长前沿课题组(2012)、陆旸和蔡昉(2013)、郭豫媚和陈彦斌(2015)、张军等(2016)、郭学能和卢盛荣(2018)、李标等(2018)
	6%以下	普利切特和萨默斯(Pritchett和Summers,2014)、普华永道(PWC,2017)
约2020—2030年	8%以上	福格尔(Fogel,2016)、林毅夫(2012)
	7.0%—7.9%	李稻葵等(2015)

① 刘伟、陈彦斌:《2020—2035年中国经济增长与基本实现社会主义现代化》,《中国人民大学学报》2020年第4期。

② 李建伟:《我国劳动力供求格局、技术进步与经济潜在增长率》,《管理世界》2020年第4期。

续表

时间段	估算增速	学者及文献研究时间
约 2020—2030 年	6. 0%—6. 9%	李和红(Lee 和 Hong,2010)、经济合作与发展组织(OECD,2012)、张军等(2016)
	5. 0%—5. 9%	汇丰银行(HSBC,2010)、艾森格林等(Eichengreen 等,2012)、中国经济增长前沿课题组(2012)、国务院发展研究中心课题组(2013)、陆旸和蔡昉(2013)、黄志钢和刘霞辉(2014)、郭学能和卢盛荣(2018)、李标等(2018)
	5%以下	陆旸和蔡昉(2013)、普利切特和萨默斯(Pritchett 和 Summers,2014)、普华永道(PwC,2017)、易信和郭春丽(2018)
约 2031—2050 年	8%以上	福格尔(Fogel,2016)
	5. 1%—7. 0%	—
	4. 1%—5. 0%	郭学能和卢盛荣(2018)、李标等(2018)、中国社会科学院宏观经济研究中心课题组(2020)
	4. 0%以下	汇丰银行(HSBC,2010)、经济合作与发展组织(OECD,2012)、普华永道(PWC,2017)、易信和郭春丽(2018)、刘伟和陈彦斌(2020)、李建伟(2020)

注:笔者根据相关文献整理。其中加粗字体表示每个时期文献预测最多的可能增长潜力。

第二节　中国经济增长潜力估算的具体方法

因对经济增长潜力的内涵理解不同,对中国经济增长潜力的估算方法也存在多种。

一、消除趋势法测算增长态势作为增长潜力的度量

该方法是基于长期均衡增长路径定义经济潜在增长率,经济潜在增长率被认为是经济发展的一种趋势水平。特别是周海春(1999)①指出经济潜在增

① 周海春:《劳动力无限供给条件下的中国经济潜在增长率》,《管理世界》1999 年第 3 期。

长率是经济系统的长期趋势，对其界定应消除各种短期因素的随机干扰。于是由该定义出发形成了：(1)线性趋势法。该方法基本思想是将作为趋势项的潜在产出写成时间的线性函数，认为产出会随着时间变化表现出确定趋势。虽然在确定趋势时多使用指数形式，但取自然对数后就能够转化为线性趋势。泰勒(Tayler，1993)最早采用该方法，将实际产出进行对数分解从而得到潜在产出。后国内的谢平和罗雄(2002)①在考虑时间趋势和季节因素后采用该方法来估算潜在产出。(2)滤波法。该方法的核心在于提取实际 GDP 增长率波动中的趋势成分作为增长潜力。具体包括：一是 HP 滤波法(Hodrick Prescott Filter)法。该方法由霍德里克和普莱斯考特(Hodrick 和 Prescott，1997)②提出，目前是测算经济增长潜力运用最为广泛的一种方法(杨旭等，2007)。张连城和韩蓓(2009)③曾用该方法测算过中国 1982—2007 年的经济潜在增长率，并对之后的经济增长潜力区间进行预测。后续郭庆旺等(2004)④、高铁梅等(2005)⑤、刘瑞和黄炎(2015)⑥、陈亮等(2012)⑦等都运用了该方法进行中国经济潜在增长率的测算。二是卡尔曼滤波(Kalman Filter)法。哈维(Harvey，1991)⑧最先使用卡尔曼滤波法，把产出序列看作不可见的趋势成分(潜在产出)与周期成分(产出缺口)之和来估计潜在产出。

---

① 谢平、罗雄：《泰勒规则及其在中国货币政策中的检验》，《经济研究》2002 年第 3 期。

② Hodrick R.J., Prescott E.C., "Postwar U.S. Business Cycles: An Empirical Investigation", *Social Science Electronic Publishing*, Vol. 29, No. 1, 1997.

③ 张连城、韩蓓：《中国潜在经济增长率分析——HP 滤波平滑参数的选择及应用》，《经济与管理研究》2009 年第 3 期。

④ 郭庆旺、贾俊雪：《中国潜在产出与产出缺口的估算》，《经济研究》2004 年第 5 期。

⑤ 高铁梅、梁云芳：《论中国增长型经济周期波动及适度增长区间》，《经济学动态》2005 年第 8 期。

⑥ 刘瑞、黄炎：《中国经济潜在增长率的再估计》，《社会科学辑刊》2015 年第 1 期。

⑦ 陈亮、陈霞、吴慧：《中国经济潜在增长率的变化分析——基于日韩及金砖四国等典型国家 1961—2010 年的经验比较》，《经济理论与经济管理》2012 年第 6 期。

⑧ Harvey A.C., "Forecasting, Structural Time Series Models and the Kalman Filter", *Cambridge Books*, Vol. 21, No. 4, 1991.

王子博(2012)[①]基于卡尔曼滤波的方法估算了中国1978—2009年的经济潜在产出、潜在产出增长率及均衡增长率等。(3)不可观测成分模型(Unobserved Component Model)。该方法由哈维(Harvey,1985)[②]和克拉克(Clark,1987)[③]最先提出和使用,认为存在不可观测力量决定了产出和通胀率的波动,所以产出中的趋势成分可以通过时间序列的状态空间技术分解出来,并进一步通过卡尔曼滤波和最大似然估计完成对潜在产出的测算。郑挺国和王霞(2010)[④]曾用该方法测算了中国1992—2010年的季度产出缺口和潜在产出,并比较了其他多种方法,最终认为不可观测成分模型的测度最为可靠。周晓艳等(2012)[⑤]也用该方法测算出中国经济增长潜力,认为中国面临经济潜在增长率逐步下行的压力。(4)小波降噪法。这一方法是将数学中的小波分析用于经济学的潜在产出研究(Crowley,2007)[⑥],认为在实际产出中周期成本对长期产出无影响,是"噪声",可以通过小波变换(Wavelet Transform)控制噪声,从而从实际产出中分离出不可观测的潜在产出。斯卡恰维拉尼和世伟洛克(Scacciavillani和Swagel,2002)[⑦]运用该方法测算出以色列的潜在产出,后国内的杨天宇和黄淑芬(2010)[⑧]也估算了中国1992—2009年的季度产出缺口。

---

① 王子博:《中国潜在产出估计模型的设计与应用——基于Kalman滤波的实证分析》,《统计与信息论坛》2012年第1期。

② Harvey A.C.,"Trends and Cycles in Macroeconomic Time Series",*Journal of Business & Economic Statistics*,Vol.3,No.3,1985.

③ Clark P.K.,"The Cyclical Component of U.S. Economic Activity",*The Quarterly Journal of Economics*, Vol.102,No.4,1987.

④ 郑挺国、王霞:《中国产出缺口的实时估计及其可靠性研究》,《经济研究》2010年第10期。

⑤ 周晓艳、张杰、李鹏飞:《中国季度潜在产出与产出缺口的再估算——基于不可观测成分模型的贝叶斯方法》,《数量经济技术经济研究》2012年第10期。

⑥ Crowley P.M.,Maraun D.,Mayes D.,"How Hard is the Euro Area Core?:An Evaluation of Growth Cycles Using Wavelet Analysis",*Social Science Electronic Publishing*,Vol.206,2007.

⑦ Scacciavillani F.,Swagel P.,"Measures of Potential Output: An Application to Israel",*Applied Economics*,Vol.34,No.8,2002.

⑧ 杨天宇、黄淑芬:《基于小波降噪方法和季度数据的中国产出缺口估计》,《经济研究》2010年第1期。

二、计算资源得到充分利用时的产出增长率作为增长潜力的度量

对于经济增长潜力更多认知是经济中所有资源得到充分利用时的最大产出。在对经济增长潜力这样的认知下,形成了多种估算方法:(1)生产函数法。通过经济数据估算一国生产函数,再结合全要素生产率以及资源投入估计出潜在产出。该方法的优点在于有经济学理论支撑,最主要的是其考虑了供给面特征(张连城等,2009)①,能够全面考虑各要素对经济增长的影响,而不是单纯地依赖于变量之间的统计关系。因此其也是诸多测算经济增长潜力方法中使用最为广泛的一种(Proietti 等,2002)②。国内也普遍采取该方法估算中国经济增长潜力,沈利生(1999)③、解三明(2000)④、陆军和钟丹(2003)⑤、郭庆旺等(2004)⑥、沈坤荣等(2010)⑦、中国人民银行营业管理部课题组(2011)⑧、黄志钢和刘霞辉(2014)⑨、邵伏军等(2014)⑩、易信和郭春丽(2018)⑪等从20世纪90年代开始都在基于生产函数的方法进行估算。

---

① 张连城、韩蓓:《中国潜在经济增长率分析——HP滤波平滑参数的选择及应用》,《经济与管理研究》2009年第3期。

② Proietti T., Musso A., Westermann T., "Estimating Potential Output and the Output Gap for the Euro Area: A Model-based Production Function Approach", *Empirical Economics*, Vol. 33, No. 1, 2007.

③ 沈利生:《我国潜在经济增长率变化趋势估计》,《数量经济技术经济研究》1999年第12期。

④ 解三明:《我国经济中长期增长潜力和经济周期研究》,《管理世界》2000年第5期。

⑤ 陆军、钟丹:《泰勒规则在中国的协整检验》,《经济研究》2003年第8期。

⑥ 郭庆旺、贾俊雪:《中国潜在产出与产出缺口的估算》,《经济研究》2004年第5期。

⑦ 沈坤荣、李猛:《中国潜在产出和产出缺口的测算:1952—2008》,《首都经济贸易大学学报》2010年第5期。

⑧ 中国人民银行营业管理部课题组:《基于生产函数法的潜在产出估计、产出缺口及与通货膨胀的关系:1978—2009》,《金融研究》2011年第3期。

⑨ 黄志钢、刘霞辉:《中国经济中长期增长的趋势与前景》,《经济学动态》2014年第8期。

⑩ 邵伏军、苟文均、匡桦:《中国潜在经济增长率:变化趋势与政策响应》,《金融研究》2014年第12期。

⑪ 易信、郭春丽:《未来30年我国潜在增长率变化趋势及2049年发展水平预测》,《经济学家》2018年第2期。

(2)数据包络分析(DEA)法。近些年流行的数据包络分析法,是在生产函数法测算经济增长潜力的基础上,不考虑生产函数具体形式的约束,只进行投入产出分析。特别是该方法还认为在一个经济体的不同区域中,区域间在资源禀赋和产业结构等多方面的异质性会使生产率产生差异,这就可以计算出实际产出和潜在产出之间的缺口。倪晓宁(2004)①、易忠玖(2008)②等曾用该方法对中国经济的潜在增长率进行估算。但该方法存在的突出缺陷在于将经济体内部各区域中效率最好的区域直接作为潜在产出标准缺乏相应的理论依据。(3)宏观模型法。主要是以菲利普斯曲线和奥肯定律为基础:一是基于菲利普斯曲线的基本思想,通过估计通货膨胀率与失业率的关系来估计产出缺口,进而得到潜在产出(Kuttner,1994③;Zhang 和 Murasawa,2011④)。诺登(Norden,1995)⑤较早地利用菲利普斯曲线提出了一个直接估计产出缺口和潜在产出的方法。国内则延续该思路,赵昕东(2008)⑥、赵留彦(2006)⑦、中国人民银行营业管理部课题组(2011)⑧、牛立超(2011)⑨、刘伟(2013)⑩曾利用该方法测算中国经济增长潜力。二是基于奥肯定律的方法,认为产出缺口和失业率缺口具有一定的比例关系,于是就可以运用这一方法分析自然失业率与实际

---

① 倪晓宁:《基于 DEA 的潜在国内生产总值估算方法及其在中国的应用》,《统计研究》2004 年第 5 期。

② 易忠玖:《基于 DEA 的行业潜在产出估计方法及应用》,《科技管理研究》2008 年第3 期。

③ Kuttner, Kenneth N., "Estimating Potential Output as a Latent Variable", *Journal of Business & Economic Statistics*, Vol. 12, No. 3, 1994.

④ Zhang C., Murasawa Y., "Output Gap Measurement and the New Keynesian Phillips Curve for China", *Economic Modelling*, Vol. 28, No. 6, 2011.

⑤ Norden S. V., "Why Is It So Hard to Measure the Current Output Gap?", *Macroeconomics*, Vol. 17, No. 1, 1995.

⑥ 赵昕东:《基于菲利普斯曲线的中国产出缺口估计》,《世界经济》2008 年第 1 期。

⑦ 赵留彦:《中国核心通胀率与产出缺口经验分析》,《经济学(季刊)》2006 年第 3 期。

⑧ 中国人民银行营业管理部课题组:《基于生产函数法的潜在产出估计、产出缺口及与通货膨胀的关系:1978—2009》,《金融研究》2011 年第 3 期。

⑨ 牛立超:《中国经济的潜在增长率、阶段性特征及其平衡》,《学术交流》2011 年第 12 期。

⑩ 刘伟:《基于适应性预期菲利普斯曲线的中国潜在产出增长率估计研究》,《特区经济》2013 年第 8 期。

失业率的缺口，并通过一定的系数转化为产出缺口，并把产出缺口与实际产出相加从而得出潜在产出。石柱鲜等（2004）①、杨旭等（2007）②、安立仁和董联党（2011）③均运用该方法测算中国经济的潜在增长率。

三、通过国际比较的外推方法来测算经济增长潜力

参考发达国家的发展轨迹，利用发达国家的数据和中国所处阶段进行比对，综合中国现实状况来预测未来发展的趋势和经济增长的潜力。李京文（1997）④参考发达国家的经济发展轨迹，运用长期经济预测模型对中国1996—2050年的经济发展趋势进行了预测与分析。刘世锦等（2011）⑤回顾了人均收入达到一万国际元后成功追赶型经济体的增长特征，预计中国在2015年前后经济潜在增长率有很大可能下一个台阶。白重恩和张琼（2017）⑥基于可比经济体的跨国收敛规律来预测中国的劳动生产增长率，并最终得到中国2016—2050年各年的经济潜在增长率。陈亮等（2012）⑦以成功跨越"中等收入陷阱"的典型经济体日本、韩国以及金砖国家的巴西、印度、俄罗斯为比较研究的对象，获得了典型国家经济潜在增长率变动的历史轨迹，在此基础上对我国经济潜在增长率变动的总体特征进行了分析。中国发展研

---

① 石柱鲜、黄红梅、石庆华：《关于中国潜在GDP与景气波动、通货膨胀的经验研究》，《世界经济》2004年第8期。

② 杨旭、李隽、王哲昊：《对我国潜在经济增长率的测算——基于二元结构奥肯定律的实证分析》，《数量经济技术经济研究》2007年第10期。

③ 安立仁、董联党：《基于资本驱动的潜在增长率、自然就业率及其关系分析》，《数量经济技术经济研究》2011年第2期。

④ 李京文：《中国经济长期快速稳定发展的预测与分析》，《经济学家》1997年第7期。

⑤ 刘世锦、许伟、刘培林：《中国经济潜在增长速度转折的时间窗口测算》，《发展研究》2011年第10期。

⑥ 白重恩、张琼：《中国经济增长潜力预测：兼顾跨国生产率收敛与中国劳动力特征的供给侧分析》，《经济学报》2017年第4期。

⑦ 陈亮、陈霞、吴慧：《中国经济潜在增长率的变化分析——基于日韩及金砖四国等典型国家1961—2010年的经验比较》，《经济理论与经济管理》2012年第6期。

究基金会“博智宏观论坛”中长期发展课题组(2018)①通过终端产品(Gross Final Products,GFP)的国际比较,强调面向2035年的中国经济还有巨大的增长潜力。

四、以国民经济发展模拟来估算和预测中国经济增长潜力

该方法的基本思想是,利用一般均衡的框架来模拟国民经济运行,进而估算中国经济增长的潜力。李善同(2010)②利用可计算一般均衡模型(Dynamic Recursive Chinese-Computable General Equilibrium,DRC—CGE)预测了中国“十二五”期间至2030年的经济增长前景。刘瑞翔和安同良(2011)③利用中国投入产出数据并使用非竞争型投入产出模型,对1987—2007年中国经济增长的动因进行了系统分析。另外,近些年流行的动态随机一般均衡模型(Dynamic Stochastic General Equilibrium,DSGE)也被用来测算经济增长潜力:阿道夫森(Adolfson,2008)④在考虑货币政策的基础上运用动态随机一般均衡模型测算了经济增长潜力。在国内,马文涛和魏福成(2011)⑤采用新凯恩斯DSGE模型估计了1992—2009年各季度的潜在产出。

五、以多维视角综合的方法来估算和预测中国经济增长潜力

随着对经济增长潜力内涵认识的深入,在先前诸多测算方法的基础上,新

① 中国发展研究基金会“博智宏观论坛”中长期发展课题组:《2035:中国经济增长的潜力、结构与路径》,《管理世界》2018年第7期。

② 李善同:《“十二五”时期至2030年我国经济增长前景展望》,《经济研究参考》2010年第43期。

③ 刘瑞翔、安同良:《中国经济增长的动力来源与转换展望——基于最终需求角度的分析》,《经济研究》2011年第7期。

④ Adolfson M.,“Monetary Policy Trade-Offs in an Estimated Open-Economy DSGE Model”, *Monetary Economics*, Vol. 0, No. 14510, 2008.

⑤ 马文涛、魏福成:《基于新凯恩斯动态随机一般均衡模型的季度产出缺口测度》,《管理世界》2011年第5期。

近有关增长潜力的估算和预测,不再采用单一的方法而是基于多维的视角,采取综合的方法进行测算。于是最新形成:(1)结构向量自回归模型(SVAR)。布兰查德和奎(Blanchard 和 Quah,1989)①最早运用结构向量自回归模型方法来估计潜在产出。该方法认为,变动分为两个层次:趋势变动来源于技术革新等供给方的永久性冲击,周期波动来源于需求方的短暂冲击。所以运用结构向量自回归模型对实际产出和失业率进行分析,然后通过残差分解得到趋势成分和周期成分,进而得到经济潜在增长率。布拉德和基廷(Bullard 和 Keating,1995)②、门德斯等(Mendez 等,2003)③、迪帕基耶等(Dupasquier 等,1999)④运用结构向量自回归模型测算美国的潜在产出。国内运用这一模型估计中国经济潜在产出的主要有赵昕东(2008)⑤、郭红兵和陈平(2010)⑥。(2)状态空间模型(State Space Model)。该模型的核心思想是揭示动态系统中不可观测成分的动态特征。估计不可观测的时间变量,许多时间序列模型能够改写为状态空间的表示形式,于是以此进行改写并估计经济潜在增长率。刘金全等(2006)⑦、赵昕东和耿鹏(2009)⑧、谢太峰和王子博(2013)⑨、殷德

---

① Blanchard O. J., Quah D., "The Dynamic Effects of Aggregate Demand and Supply Disturbances", *American Economic Review*, Vol. 79, No. 4, 1989.

② Bullard J., Keating J. W., "The Long-run Relationship Between Inflation and Output in Postwar Economies", *Journal of Monetary Economics*, Vol. 36, No. 3, 1995.

③ Camba-Mendez G., Rodriguez-Palenzuela D., "Assessment Criteria for Output Gap Estimates", *Economic Modelling*, Vol. 20, No. 3, 2003.

④ Dupasquier C., Guay A., St-Amant P., "A Survey of Alternative Methodologies for Estimating Potential Output and the Output Gap", *Journal of Macroeconomics*, Vol. 21, No. 3, 1999.

⑤ 赵昕东:《基于 SVAR 模型的中国产出缺口估计与应用》,《经济评论》2008 年第 6 期。

⑥ 郭红兵、陈平:《基于 SVAR 模型的中国产出缺口估计及评价》,《数量经济技术经济研究》2010 年第 5 期。

⑦ 刘金全、金春雨、郑挺国:《中国菲利普斯曲线的动态性与通货膨胀率预期的轨迹:基于状态空间区制转移模型的研究》,《世界经济》2006 年第 6 期。

⑧ 赵昕东、耿鹏:《基于 Bayesian Gibbs Sampler 的状态空间模型估计方法研究及其在中国潜在产出估计上的应用》,《统计研究》2009 年第 9 期。

⑨ 谢太峰、王子博:《中国经济周期拐点预测——基于潜在经济增长率与经验判断》,《国际金融研究》2013 年第 1 期。

生等（2017）①都曾基于状态空间模型核算过中国经济增长潜力。（3）不可观测成分模型（Unobservability Cost，UC）与生产函数结合方法。祝梓翔等（2018）②认为不可观测成分模型在分解趋势和周期方面有独特的优势，李泽锦等（2021）③将不可观测成分模型法与生产函数法结合，认为虽然中国2012年以来经济增长潜力有所降低，但与发达国家相比仍有较大的优势。

第三节　影响中国经济增长潜力的因素研究

从国内外现有文献来看，目前研究各类因素影响一国经济增长潜力的文献浩如烟海。有关影响中国经济增长潜力因素的研究很多，在此重点从以下五个视角进行梳理。

一、改革红利释放激发中国经济增长潜力的研究

中国经济进入新发展阶段后，随着传统红利的消退，中国经济增长潜力呈现下降的态势。因此，挖掘经济增长潜力，提升经济潜在增长率，关键是靠新一轮改革创造“改革红利”。刘世锦等（2011）④强调在中国经济进入增长速度下降时，需要推动“参与促进性改革”来转变经济增长模式或发展方式。郑新立（2012）⑤则认为中国经济在需求、资本、劳动力、技术、土地五个方面存在

---

① 殷德生、徐徕、吴虹仪：《中国经济潜在增长率的估计、变化特征及其逻辑》，《上海经济研究》2017年第12期。

② 祝梓翔、邓翔、赵绍阳：《中国经济波动来自趋势还是周期——基于多种UC模型的比较分析》，《统计研究》2018年第11期。

③ 李泽锦、刘强、陆小莉：《结构性减速背景下中国经济增长潜力探究》，《统计与信息论坛》2021年第10期。

④ 刘世锦、许伟、刘培林：《中国经济潜在增长速度转折的时间窗口测算》，《发展研究》2011年第10期。

⑤ 郑新立：《如何释放经济发展的五大潜力》，《党政干部参考》2012年第5期。

巨大的潜力，只有通过改革这种方式来激发这些因素的活力，从而确保未来20年的高速增长。刘世锦等（2015）[①]强调需要以供给侧释放经济增长潜力，具体来讲，改革应选择若干优先领域着力推进：打破行政性垄断；加快城乡之间土地、资金、人员等要素的流动；尊重创新规律的基础上营造创新环境；防范风险、抵制各类经济泡沫；完善公务员队伍激励机制，调动人的积极性。蔡昉（2017）[②]则认为中国经济潜在增长率趋于下降，"V"字型反弹基本难以实现，中长期应该是"L"型增长轨迹，其中要使未来中国经济潜在增长率下降趋势平稳，需要通过改革把潜力释放出来。文建东和付姗姗（2018）[③]通过与其他发达国家横向对比，认为未来中国经济潜力的开发，特别需要通过供给侧结构性改革来推动经济实现高质量和中高速增长。易信和郭春丽（2018）[④]认为需要持续深化社会主义市场经济体制改革，通过增加生产要素和提升全要素生产率两个路径来促进经济增长潜力提升。郭学能和卢盛荣（2018）[⑤]强调要推进供给侧结构性改革从而实现生产要素的有效配置来提升中国经济潜在增长率。

二、经济结构变化影响中国经济增长潜力的研究

具体来说，经济结构变化与中国经济增长潜力的文献集中在经济结构变化的几个方面：

（1）人口结构变化。诸多文献将人口结构变化理论与经济增长潜力结合

---

① 刘世锦、刘培林、何建武：《我国未来生产率提升潜力与经济增长前景》，《管理世界》2015年第3期。

② 蔡昉：《用改革把增长潜力释放出来》，《金融经济（市场版）》2017年第3期。

③ 文建东、付姗姗：《中国供给侧改革背景下的经济增长潜力研究》，《学术研究》2018年第10期。

④ 易信、郭春丽：《未来30年我国潜在增长率变化趋势及2049年发展水平预测》，《经济学家》2018年第2期。

⑤ 郭学能、卢盛荣：《供给侧结构性改革背景下中国潜在经济增长率分析》，《经济学家》2018年第1期。

起来。现有的文献肯定了人口红利对一国经济增长的重要性(王德文等,2004①),同时对人口年龄结构的改变对劳动力的总量、储蓄以及资本积累带来显著的变化,从而影响经济增长进行了研究(Mason 和 Lee,2006②;Bloom 和 Williamson,1998③;巴曙松和杨现领,2011④)。在此基础上,随着中国进入人口结构转变的后期,人口红利逐步消失,人口老龄化加速使人口抚养比上升、适龄劳动人口比重下降,未来会对中国经济潜在的产出水平造成重大影响。基于此,一些学者展开对有关人口结构变化与经济增长潜力的研究:乔杜里和埃洛斯特(Choudhry 和 Elhorst,2010)⑤研究 1961—2003 年的中国、印度和巴基斯坦,发现人口年龄结构变动分别能够解释该时间段三国经济增长的 46%、39%和 25%,2005—2020 年人口结构变化在三国产生分化:对印度和巴基斯坦是正向效应,而对中国是负向效应。对该问题,国内学者周海春(1999)⑥关注得更早,他估算了劳动力无限供给条件下中国经济的潜在增长率。然后形成系列研究的是蔡昉、陆旸(Cai Fang 和 Yang Lu,2013)⑦,他们考虑到 15—59 岁劳动年龄人口的下降趋势,认为中国经济潜在增长率在 2016—2020 年会降到 6.08%。陆旸和蔡昉(2013)⑧则在之前的基础上考虑

---

① 王德文、蔡昉、张学辉:《人口转变的储蓄效应和增长效应——论中国增长可持续性的人口因素》,《人口研究》2004 年第 5 期。

② Mason A., Lee R., "Reform and Support Systems for the Elderly in Developing Countries: Capturing the Second Demographic Dividend", *Genus*, Vol. 62, No. 2, 2006.

③ Bloom D. E., Williamson J. G., "Demographic Transitions and Economic Miracles in Emerging Asia", *World Bank Economic Review*, Vol. 12, No. 3, 1998.

④ 巴曙松、杨现领:《城市化与潜在增长率:基于长期视角的增长效应评估》,《财贸经济》2011 年第 3 期。

⑤ Choudhry M.T., Elhorst J.P. Demographic Transition and Economic Growth in China, India and Pakistan, Economic System, Vol. 34, No. 3, 2010.

⑥ 周海春:《劳动力无限供给条件下的中国经济潜在增长率》,《管理世界》1999 年第 3 期。

⑦ Cai Fang, Yang Lu, "Population Change and Resulting Slowdown in Potential GDP Growth in China", *China and World Economy*, Vol. 21, No. 2, 2013.

⑧ 陆旸、蔡昉:《调整人口政策对中国长期潜在增长率的影响》,《劳动经济研究》2013 年第 1 期。

人口政策调整对经济长期增长潜力的影响，预测随着人口结构变化对劳动参与率和自然失业率的影响不断增强，2021—2025年中国经济潜在增长率为5.41%，之后更低，到2040年将不到4%。在此强调要放开现有的人口生育政策，以此来减缓中国经济增长潜力长期递减的态势。陆旸和蔡昉(2014)①进一步基于中日对比的视角，认为中国未来的经济潜在增长率将会由于人口结构变化而迅速降低。并通过日本先前的经验，强调应避免采用经济刺激方案来推高经济增长率，否则将会陷入像日本一样的"失去的十年"。陆旸和蔡昉(2016)②更深入地对中国未来增长潜力进行模拟，发现尽管全要素生产率和提升劳动参与率增长能提高潜在增长率，但只有短期增长效应，长期需要从人口红利向改革红利转变。李建伟(2020)③强调2018年以后我国劳动年龄人口、经济活动人口和自然失业率条件下可使用的劳动力资源均将持续下降，劳动力供给不足将成为经济发展的常态。劳动力供给规模缩小和劳动生产率提升幅度不断下降，决定了未来我国经济潜在增长能力下降。刘伟和张立元(2020)④则从人力资本角度入手，认为中国经济的人力资本质量水平显著落后于发达国家且其提升速度已逐渐放缓，成为制约中国经济可持续发展潜能的重要因素。因此，人力资本质量水平的快速提升是中国经济实现潜在发展能力的关键。

(2)产业结构变化。有关产业结构和经济增长关系的文献非常详尽，从发展经济学中的"结构主义"开始至今一直是经济学研究的热点问题，在此不再赘述。近些年，国内学者从发达国家典型事实出发，基于产业结构变迁的角

① 陆旸、蔡昉：《人口结构变化对潜在增长率的影响：中国和日本的比较》，《世界经济》2014年第1期。

② 陆旸、蔡昉：《从人口红利到改革红利：基于中国潜在增长率的模拟》，《世界经济》2016年第1期。

③ 李建伟：《我国劳动力供求格局、技术进步与经济潜在增长率》，《管理世界》2020年第4期。

④ 刘伟、张立元：《经济发展潜能与人力资本质量》，《管理世界》2020年第1期。

度强调中国在工业化中后期所面临的“结构性减速”问题(程大中,2004①;张平和刘霞辉,2007②;袁富华,2012③;吕健,2012④)。在中国随着结构转型的加快,低劳动生产率的服务业扩张将会使长期经济增长放缓。对此,周克(2017)⑤提出了异议:他考察了1978—2010年中国产业结构变化和劳动生产率波动的关系,认为2008年以来中国经济增长速度放缓的原因,不是结构效应或者刘易斯效应的减弱,也不在于产业结构的服务化趋势,而是制造业和农业,尤其是制造业的内部生产率增长大幅度下降。张军等(2016)⑥利用“收敛假说”的逻辑,参照东亚经济体1950—2010年的发展经验,推测了中国未来20年的经济增长与结构变化趋势,强调中国2015—2035年按购买力平价折算的人均GDP年均增长潜力为6.02%,且二次产业占比随着人均GDP水平的提高呈现倒“U”型的变化趋势,而三次产业占比随着人均GDP持续变动。

(3)区域结构变化。区域结构变化意味着资源在区域间的流动和产业在区域间的转移,区域结构变化不仅能够改变经济体内部各区域增长的空间差异,也能够改变总体的增长趋势。改革开放40多年来我国实施区域错位发展的政策——“鼓励一部分地区先富起来”,东部地区凭借区位优势以及丰富的劳动力资源,实现了优先发展,从而形成了地区之间发展的不平衡以及各地区内部的区域梯度。但随着“西部大开发”和“中部崛起”政策的实施,特别是东部地区向中西部地区的产业转移以及资源向西部地区回流等现象的出现,区

① 程大中:《中国服务业增长的特点、原因及影响——鲍莫尔-富克斯假说及其经验研究》,《中国社会科学》2004年第2期。

② 张平、刘霞辉:《中国经济增长前沿》,社会科学文献出版社2007年版,第17—30页。

③ 袁富华:《长期增长过程的“结构性加速”与“结构性减速”:一种解释》,《经济研究》2012年第3期。

④ 吕健:《产业结构调整、结构性减速与经济增长分化》,《中国工业经济》2012年第9期。

⑤ 周克:《结构变化、生产率波动与中国经济增长减速》,《宏观质量研究》2017年第1期。

⑥ 张军、徐力恒、刘芳:《鉴往知来:推测中国经济增长潜力与结构演变》,《世界经济》2016年第1期。

域间协调发展会释放巨大的增长潜力。肖利平(2010)①认为中西部地区存在后发优势,通过追赶型增长会释放经济增长潜力。张治栋等(2018)②认为区域间能够实现生产要素流动方式的优化,从而提高区域协调和一体化的水平,有效促进经济增长。

(4)多重结构的视角。更多研究不是从经济结构某一个方面出发,而是认为多重结构转变带来的“结构红利”是未来经济增大潜力开发的关键。胡乃武和范炳龙(2012)③认为在经济发展的战略机遇期,产业结构、区域结构和收入结构的调整才是经济保持快速增长潜力的关键。张杰(2020)④认为中国新一轮供给侧结构性改革落实到位,会带来经济潜在增长率的提升。结构调整过缓方面的问题主要在于各种制度藩篱阻力、需求侧结构性锁定、所有制结构失衡、创新链扭曲性失衡、金融结构转化停滞、人才供给结构扭曲,这些问题的纠正和改善有助于中国经济潜在增长率的提升。李泽锦等(2021)⑤分析了人口结构、产业结构、城乡收入结构、投资消费结构与贸易结构五种结构变化对中国经济增长潜力的影响,强调结构调整会有效应对结构减速的冲击,从而提升经济增长潜力。

三、技术进步和创新激发中国经济增长潜力的研究

作为技术后发国,中国从技术追赶到技术并跑、领跑的过程会打破固有的

① 肖利平:《后发优势、吸收能力与追赶型增长的区域差异》,《中国软科学》2010 年第 1 期。

② 张治栋、吴迪、周姝豆:《生产要素流动、区域协调一体化与经济增长》,《工业技术经济》2018 年第 11 期。

③ 胡乃武、范炳龙:《我国未来经济持续快速增长潜力分析》,《经济纵横》2012 年第 8 期。

④ 张杰:《结构性经济潜在增长率:理论重构、总体判断与改革方向》,《南京大学学报(哲学·人文科学·社会科学)》2020 年第 3 期。

⑤ 李泽锦、刘强、陆小莉:《结构性减速背景下中国经济增长潜力探究》,《统计与信息论坛》2021 年第 10 期。

经济循环,激发增长动力。刘世锦等(2015)①通过对中国生产率提升的历史贡献和未来潜力进行分析,认为近年来中国的全要素生产率确实有放缓趋势,这与成功追赶的经济体类似阶段的经验规律是相吻合的。所以由过去主要依靠技术追赶和资源跨部门流动将向更加注重原始性创新和部门内部竞争转变来提升中国的全要素生产率。任保平和宋文月(2015)②在梳理中国经济增长潜力的制约因素时,强调技术进步是中国经济增长潜力开发的基本手段之一。丁明磊和陈宝明(2017)③则认为中国过去的发展较好地利用了后发优势,通过资源驱动和投资驱动,实现了经济的高速增长。但面对经济增速减缓,我国需解决结构性矛盾,特别是依靠科技创新打造经济长期增长潜力。杜修立和郑鑫(2017)④则在人口结构和产业结构转型的框架中测算中国"十三五"期间的增长率,强调未来中国经济增长潜力更依赖于技术创新和人力资本积累。张军扩和吴振宇(2018)⑤强调发展水平是决定追赶型国家增长潜力的基础性因素,特别是人均 GDP 水平的改善会影响后发国家的追赶空间和技术引进潜力,从而影响经济增速。刘培林等(2020)⑥强调中国经济增长潜力要考虑中国作为后发国的优势,即后发追赶国家在技术水平追赶上发达工业化国家之前所具有的高速追赶潜力。但冯明(2020)⑦则认为随着中国经济向世界技术前沿靠近,后发优势趋于减弱。简单学习国外技术变得越来越困难,未来的技

---

① 刘世锦、刘培林、何建武:《我国未来生产率提升潜力与经济增长前景》,《管理世界》2015 年第 3 期。

② 任保平、宋文月:《新常态下中国经济增长潜力开发的制约因素》,《学术月刊》2015 年第 2 期。

③ 丁明磊、陈宝明:《科技创新激发中国经济增长潜力》,《中国工业评论》2017 年第 9 期。

④ 杜修立、郑鑫:《人口结构、产业结构与中国经济潜在增长率》,《统计与信息论坛》2017 年第 3 期。

⑤ 张军扩、吴振宇:《对我国经济转型期增长潜力的再认识(上)》,《中国经济时报》2018 年 4 月 18 日。

⑥ 刘培林、贾珅、邹静娴、申广军:《"均值回归说"低估了后发追赶国家的增长潜力》,《国际经济评论》2020 年第 1 期。

⑦ 冯明:《中国经济中长期潜在增长率研究:进展、共识和分歧》,《财经智库》2020 年第 9 期。

术进步将更多地由自主研发来实现。原创性技术研发不仅速度相对较慢而且面临更大的不确定性,从而使未来经济潜在增长率相比以往减慢。

四、资源错配的纠正促进中国经济增长潜力的研究

在经济增长框架中,产出水平不仅受要素投入量和技术水平的影响,还与资源配置效率直接相关,即一定量的要素被分配到不同行业或部门将直接决定一个经济体的总产出,更多文献集中研究发展中国家资源配置效率的改善对经济增长的影响。其中,最经典的是海什和克莱诺(Hsieh 和 Klenow,2009)①,他们开启了从资源配置角度分析企业全要素生产率及经济增长的先河,并通过测算发现,若中国制造业资源配置效率达到和美国一样的水平,可以使制造业全要素生产率和总产出水平提高 40%。博兰特和通贝(Brandt 和 Tombe,2013)②对 1985—2007 年中国制造业和服务业部门的生产率进行研究,发现劳动力和资本在省际间的错配及省内部门间的错配导致总全要素生产率损失 20%。同样地,中国的资源错配也引起了国内学者的重视。龚关和胡关亮(2013)③利用海什和克莱诺(Hsieh 和 Klenow,2009)④测算了中国制造业的资源错配,发现若资本和劳动力均为有效配置,1998 年制造业全要素生产率将提高 57.1%,2007 年则提高 10.1%。造成中国资源错配的主因:一是对国有企业的保护是造成资源错配的主要原因,它不仅影响资本积累效率,还会拖累全要素生产率(聂辉华和贾瑞雪,2011⑤;鲁晓东,2008⑥)。二是分税

① Hsieh C. T., Klenow P. J., "Misallocation and Manufacturing TFP in China and India", *The Quarterly Journal of Economics*, Vol. 124, No. 4, 2009.

② Brandt L., Tombe T., Zhu X., "Factor Market Distortions Across Time, Space and Sectors in China", *Review of Economic Dynamics*, Vol. 16, No. 1, 2013.

③ 龚关、胡关亮:《中国制造业资源配置效率与全要素生产率》,《经济研究》2013 年第 4 期。

④ Hsieh C. T., Klenow P. J., "Misallocation and Manufacturing TFP in China and India", *The Quarterly Journal of Economics*, Vol. 124, No. 4, 2009.

⑤ 聂辉华、贾瑞雪:《中国制造业企业生产率与资源误置》,《世界经济》2011 年第 7 期。

⑥ 鲁晓东:《金融资产错配阻碍了中国的经济增长吗》,《金融研究》2008 年第 4 期。

制改革造成的市场分割阻碍了资源跨地区自由流动，从而引致资源错配，这种因市场不完全导致的全要素生产率损失达40%以上（简泽，2011）①。三是中国从传统二元经济向一元经济转变过程中，劳动力市场分割、户籍制度和行业垄断造成劳动力配置扭曲（柏培文，2012）②。四是中国的区域结构从分化逐渐走向均衡发展的过程，区域间的资源错配程度和全要素生产率水平呈现出明显的收敛趋势（聂辉华和贾瑞雪，2011）③。其中东部地区并不因为经济水平高而资源错配程度相对较低，特别是东部地区为了增加企业出口优势，资源错配更严重（曹玉书和楼东玮，2012）④。在此基础上，张延群和张沥元（2017）⑤强调通过促进劳动力的流动和重新配置，以及推进金融体制改革来提升资本配置效率，从而改善全要素生产率，进而释放经济增长潜力。

五、多因素综合运用促进中国经济增长潜力的研究

相较于影响未来中国经济增长潜力的单一因素研究，诸多研究从多维因素出发，认为提升中国经济增长潜力有多重因素：胡乃武等（2010）⑥在分析中国经济增长潜力时，强调产业结构的优化、城镇化率的提高、区域发展的协调、人口红利的发挥、技术进步的加快、民营经济的发展、收入分配结构的调整、转轨阶段的制度变革是未来经济增长潜力的关键。姜巍和徐文（2011）⑦认为无论从内部经济运行还是从外部经济环境来看，扩大国内消费需求、加强科技与

---

① 简泽：《市场扭曲、跨企业的资源配置与制造业部门的生产率》，《中国工业经济》2011年第1期。

② 柏培文：《中国劳动要素配置扭曲程度的测量》，《中国工业经济》2012年第10期。

③ 聂辉华、贾瑞雪：《中国制造业企业生产率与资源误置》，《世界经济》2011年第7期。

④ 曹玉书、楼东玮：《资源错配、结构变迁与中国经济转型》，《中国工业经济》2012年第10期。

⑤ 张延群、张沥元：《中国全要素生产率增长潜力分析——从历史和改革的视角》，《中国科技论坛》2017年第11期。

⑥ 胡乃武、周帅、衣丰：《中国经济增长潜力分析》，《经济纵横》2010年第10期。

⑦ 姜巍、徐文：《中国传统经济增长动力结构的特征、危机与提升》，《经济问题探索》2011年第8期。

制度创新和深化市场改革应成为重塑我国经济增长动力的重要支点。沈坤荣(2013)①指出为实现经济的平衡健康发展,需要通过改革释放制度红利,实施创新驱动发展战略增加创新活力和调整收入分配制度以增强内需潜力,从而提升潜在增长率。黄少卿(2016)②认为未来中国经济潜在增长率依然具有三大红利——结构性红利、信息化红利和高等教育红利,所以未来中国仍有10—20年较高的经济增长潜力。国家发展改革委投资研究所课题组(2017)③强调中国未来要实现经济中高速增长,关键是通过体制改革和科技创新,促进劳动参与率、释放人口库兹涅茨效应、提升人力资本、改善投资效益、降低交易成本,使经济增长趋近于潜在增长率的上限。中国社会科学院宏观经济研究中心课题组(2020)④则强调要在"十四五"时期实现中国经济增长潜力,关键在于创新驱动要取得显著进展、产业升级要取得显著成效、国内市场要得到显著提升、人民生活要得到显著改善、绿色发展要取得显著进展、国家治理体系要更加完善。

第四节　研究现状评价

从国内外的研究来看,现有文献已经运用各种方法估算了中国未来的经济增长潜力,为本书的研究提供了广阔的研究思路和研究基础,但现有研究的不足体现在以下三个方面。

一是现有估算方法存在不同程度的缺陷。比如线性趋势法的优点是其方法的简洁性和数据的可得性,但这种方法应用较少,因为其缺点:(1)没有考

① 沈坤荣:《中国经济增速趋缓的成因与对策》,《学术月刊》2013年第6期。

② 黄少卿:《三大红利、后发优势与中国经济增长潜力》,《探索与争鸣》2016年第2期。

③ 国家发展改革委投资研究所课题组:《促进经济中高速增长的路径与措施》,《宏观经济研究》2017年第1期。

④ 中国社会科学院宏观经济研究中心课题组:《未来15年中国经济增长潜力与"十四五"时期经济社会发展主要目标及指标研究》,《中国工业经济》2020年第4期。

虑到其他经济变量的影响;(2)不考虑产出序列数据的非平稳性,这使线性趋势法的科学性受到质疑。另外通过经济数据估算一国生产函数,再结合全要素生产率以及要素投入估计潜在产出。该方法虽然优于滤波法。但受函数形式选择的限制,同时又要求各种要素投入与经济总产出之间的函数关系必须处于稳定状态,对于制度环境或者市场体制不健全的国家,生产函数法估计结果具有很大的波动性。其他方法也存在不同程度的缺陷,所以即使关于经济增长潜力的估算方法在不断革新,但不论是假设太强烈,还是是否适用中国,都造成了估算的偏差。所以必须根据中国特殊的转轨体制和具体的宏观环境来选择合适的方法。

二是缺乏对中国经济形势的预判和估计。以往的研究多是在资源禀赋结构未发生变化、中国经济发展阶段转换之前以及经济增速减缓之前的情况下开展的。所以诸多研究对中国禀赋结构发生变化、经济潜在增长出现下降、阶段发展转换等大背景的考虑还比较少。

三是在估算中对影响中国经济增长潜力因素的研究重视程度不够,多数研究未将结构因素、技术赶超因素、资源错配纠偏因素等纳入估算中,未来中国经济增长潜力应更多考虑这些因素。

第二章　中国宏观经济环境变化以及传统测算方法的局限性

经历了 40 多年的中高速增长，中国取得了举世瞩目的发展成就，一跃成为世界大国。随着收入水平的提高，中国经济发展的宏观环境和条件发生了根本性变化，呈现出诸多典型特征。

第一节　中国发展阶段转换的典型事实

在发展经济学的理论层面，罗斯托（Rostow，1960）①曾将一个社会的经济发展划分为六个阶段，而波特（Porter，1990）②则认为从各国"竞争发展阶段"来看，一国应经历三个不同要素推动的阶段。在发展的实践层面，纵观发达国家的发展历程，大多都经历三个阶段：一是快速增长阶段，主要表现为经济规模的速度型、数量型增长；二是转型发展阶段，主要表现为经济的效益型、质量型和结构型发展；三是现代化阶段，主要表现为经济、政治、文化、社会等全面

① Rostow W.W., *The Stages of Economic Growth: A Non-Communist Manifesto*, Cambridge: Cambridge University Press, 1960.

② Porter M. E., *The Competitive Advantage of Nations*, London: The Free Press, 1990, pp.543-577.

协调可持续发展。由此可见,随着一国或地区收入水平的提高,会经历发展阶段的转变。

一、中国迈入中等收入国家之列

根据世界银行2020年公布有关国家收入分组的标准,在世界银行公布的阿特拉斯方法测算的现价美元人均国民收入(Gross National Income,GNI),中国2002年人均阿特拉斯方法就达到了1280美元,进入中等偏下收入国家行列;2010年人均阿特拉斯方法为4340美元,超过了中等偏上收入的标准。2017年中国人均阿特拉斯方法为8690美元,迈入中等偏上收入国家行列。从国际经验看,1960年被世界银行列为中等收入国家的101个经济体中,到2008年只有13个步入高收入国家行列,其中多数为资源型经济体,只有日本、韩国、新加坡等少数非资源类国家①。中国作为一个大国,迈入中等收入阶段,将面临前所未有的机遇和挑战。

面对"中等收入陷阱",理论界对其是否存在颇有争议,且对其形成原因和机制的解释也不尽相同:一是发展战略失误说。林毅夫等(1994)②强调发展中国家在发展中制定合适战略的重要性,拉美国家的失败证明其发展战略存在内在缺陷,违背比较优势的发展战略是其难以跨过"中等收入陷阱"的最为根本的原因。后续一些学者由此引申出政府宏观管理的失败,拉美宏观管理水平的低下也是其陷入"中等收入陷阱"的主要原因(谢亚轩等,2011)③,与此相对应的是以韩国为代表的东亚政府治理能力的卓越,助力这些国家成功迈过"中等收入陷阱"。二是人口转变说。蔡昉(2011)④强调"人口红利"

① 新华网:《超越"中等收入陷阱"的中国自信》,2013年12月11日,见 http://news.163.com/13/1211/11/9FQEQODB00014JB5.html。

② 林毅夫、蔡昉、李周:《中国的奇迹:发展战略与经济改革》,上海人民出版社1994年版,第102—132页。

③ 谢亚轩等:《1980年代拉美债务危机的历史启示》,《招商证券研究报告》2011年8月。

④ 蔡昉:《"中等收入陷阱"的理论、经验与针对性》,《经济学动态》2011年第12期。

的消失和“刘易斯拐点”的到来对中国迈过“中等收入陷阱”的影响，并论述跨越“中等收入陷阱”的关键在于提升人力资本水平。三是收入分配恶化制约说。几乎“中等收入陷阱”的相关讨论都十分关注收入分配问题，即认为收入分配的不公导致阶层固化的风险是“中等收入陷阱”难以跨越的关键所在，中国也概莫能外（Zhuang 等，2012①；孙立平，2012②）。四是利益集团阻挠制度优化说。研究陷入“中等收入陷阱”的拉美和东南亚国家的教训，关键在于强势既得利益集团对制度优化的阻挠，形成“制度高墙”（Woo，2009③；刘世锦等，2011④），而强势排除这种利益集团阻挠和制度缺陷是跳出“陷阱”锁定的决定因素（张德荣，2013⑤；李稻葵，2014⑥）。五是产业结构升级受阻说。大野（Ohno，2009⑦）曾考察成功越过“中等收入陷阱”的东亚经济体，认为各国产业结构在全球产业链分工上的不断升级是避免“陷阱”的关键。已有产业结构的发展惯性和路径依赖会成为突破“陷阱”的制约（马晓河，2010）⑧。六是技术追赶不利说。从技术进步角度来解读，黄先海和宋学印（2017）⑨、龚刚等（2017）⑩均认为发展中国家难以跨越“中等收入陷阱”的深层次原因在于，当

---

① Zhuang J., Vandenberg P., Huang Y.,“Growing Beyond the Low-Cost Advantage: How the People's Republic of China Can Avoid the Middle-Income Trap”, *Asian Development Bank*,2012.

② 孙立平：《“中等收入陷阱”还是“转型陷阱”？》，《开放时代》2012 年第 3 期。

③ Woo W.T.,“Getting Malaysia Out of the Middle-Income Trap”,*SSRN*,No. 1534454,2009.

④ 刘世锦、徐伟、刘培林：《中国经济潜在增长速度转折的时间窗口测算》，《发展研究》2011 年第 10 期。

⑤ 张德荣：《“中等收入陷阱”发生机理与中国经济增长的阶段性动力》，《经济研究》2013 年第 9 期。

⑥ 李稻葵：《突破中等收入陷阱的路线图》，《经济研究》2014 年第 1 期。

⑦ Ohno K.,“Overcoming the Middle-Income Trap: The Challenge for East Asian High Performers”,Yueh L. eds,*The Future of Asian Trade and Growth*, Routledge,2009,p.23.

⑧ 马晓河：《迈过“中等收入陷阱”的需求结构演变与产业结构调整》，《宏观经济研究》2010 年第 11 期。

⑨ 黄先海、宋学印：《准前沿经济体的技术进步路径及动力转换——从“追赶导向”到“竞争导向”》，《中国社会科学》2017 年第 6 期。

⑩ 龚刚、魏熙晔、杨先明、赵亮亮：《建设中国特色国家创新体系　跨越中等收入陷阱》，《中国社会科学》2017 年第 8 期。

技术差距的基本事实发生后,依靠单纯的引进模仿等技术进步方式会陷入“动态跟随”的技术追赶陷阱,只有依靠自主研发才能避免“中等收入陷阱”。

鉴于此,中国进入中等收入国家,如社会矛盾集中爆发、经济失衡问题更为突出、增长动力不足且出现停滞、既得利益集团阻挠、制度缺陷更为严峻等问题将会日益凸显,这对中国未来的发展前景和潜力都提出了巨大的挑战,也成为中国发展阶段转变不得不面对的第一个典型的事实。

二、中国面临经济增速换挡

站在改革开放40多年的历史时点上回望中国过去的经济增长,从1978年到2011年中国年均GDP增速达到了10%,增长时间之长、速度之高在世界范围内是前所未有的。纵观及预测中国改革开放以来直至21世纪中叶中国经济增长的历程,大致可分为三个大的阶段:第一阶段(1978—2010年)为高速增长阶段,即年平均经济增长速度达到了10%;第二阶段(2011—2020年)为经济增速换挡阶段,经济增长年均增速下滑至7%左右;第三阶段(2021—2050年)为经济中速增长乃至中低速增长。所以现阶段中国经济转型发展的重要特征是经济增长从高速转向中速。

从国际经验来看,中国经济增长从高速转向中速是目前的重要特征。改革开放以来,中国经济保持了近两位数的高速增长,这种高速增长呈现出以下特点:一是增长速度快。1978—2010年的32年间,中国经济年均增长率达到了10%,之后放缓,但也达到了年均7%的增长速度,改革开放40多年增长速度超过10%的有12年,占据约27%的比例。二是进位步伐快。1978年中国经济总量全球排名第12位,2010年超越日本升至全球第2位并持续稳居,40多年中国经济在全球排名稳步提升10位,占全球经济比重由2.41%增长为15%,这种进位速度在世界经济史上绝无仅有。三是持续时间久。日本曾在第二次世界大战后1952—1973年的21年保持了年均增长11%的奇迹,但到20世纪90年代日本却增长乏力,经济持续低迷,经历了“失去的十年”。同样，韩国经济虽也出现过一段时间的高速增长，但增长速度低于中国，持续时间短于中国。由此可见，中国高速增长在世界上是独一无二的，但和其他国家发展历程类似，这种高速增长在维持了 30 多年后已经难以持续。

纵观各国发展历程，欧洲的德国、法国、意大利、西班牙诸国以及拉美国家、苏联和东欧国家都在不同的历史阶段经历过明显的经济增速下降过程。另外同一区域成功转型的经济体日本、韩国等在经历二三十年的高速增长以后经济增长会出现明显的回落。进一步对世界主要国家德国、日本、韩国进行考察，发现人均 GDP 达到 11000 国际元前后（购买力评价指标），这些经济体都出现了经济增长速度的切换，降幅达 30%—40%。按照相同口径计算人均收入，中国在 2013 年已经大约达到 10000 国际元，所以以各国发展历程的逻辑来看，中国已经处于这一个增长速度转折的时点。

中国的高速增长伴随着大量环境污染、生态破坏、能源耗竭风险加大、收入分配不均、经济社会发展失衡等突出问题。经济发展的重点在于化解风险、吹破泡沫、破解矛盾。

中速增长已成为中国经济的基本趋势。一方面，从需求侧来看，中国经济增长的“三驾马车”——出口、投资和消费面临诸多约束。在国际格局剧烈变化以及发达国家对中国发展进行遏制等因素的影响下，中国的出口要保持之前高速增长的局面十分困难。在国内方面由于受劳动力成本上升、产能过剩和投资回报率偏低等因素的综合影响，实体经济受“虚拟经济”发展的挤占，基础设施投资受地方债务风险加大的制约，均使投资增速放缓，难以恢复到之前的高增长状态。消费相比投资，目前已经成为经济增长的第一动力，但在中国，消费长期受制于文化习惯、收入分配制度以及社会保障制度的影响，以及不稳定预期的长期存在均造成消费对增长的贡献有限。另一方面，从供给侧来看，中国经济增长的“三大发动机”——制度变革、结构优化、要素升级在新发展阶段依然有较大的空间，但这三类“红利”也十分有限且存在边际效应递减的问题。综上，这一轮中国经济减速是结构性、体制性和趋势性的，有别于之前出现的周期性、政策性、短期性的增长减速,这也进一步说明中国经济进入常态化、持续性的中速增长阶段。

随着经济速度从高速转向中速,中国迎来了转型发展的重大机遇。首先,在该阶段需要有效破解“中等收入陷阱”,即在中速发展阶段,利用这一难得增长机遇,通过推行制度创新、践行创新驱动、优化经济结构来加快转型发展,从而成功跨越“中等收入陷阱”并进入高收入经济体行列;其次,在该阶段需要转变之前的增长方式,破解高速时代留存下来的种种矛盾和失衡,谋求经济发展质量提高、效益改善的升级版。可见进入新发展阶段的中国,增长高速不再是最优选择,面对降速反而需要抢抓中速发展的机遇,加快推进转型发展,力争中国经济长期健康可持续发展。

第二节　资源禀赋变化的典型事实

中国40多年的改革开放所取得的巨大成就毋庸置疑,但对于这一成就解读,魏婕等(2014)①认为中国过去的增长根植于特殊的国情,依托体制转轨释放的巨大活力、人口众多产生的“人口红利”以及作为新兴市场吸引的外资和外贸,取得了斐然成绩。中国能够取得所谓的“增长奇迹”,关键在于能够基于自身资源禀赋结构发挥比较优势,依靠人口红利、自然资源红利、体制转轨红利支撑创造“特殊模式”。但经过多年的增长后中国经济发展的宏观环境发生了若干重大变化,即中国资源禀赋结构发生了根本性的变化。

一、传统红利消退

对于中国经济增长的多种红利,概括甚多,有学者将过去中国发展奇迹概

① 魏婕、任保平、李勇:《红利消退、阶段拐点和中国增长方式转变》,《财经科学》2014年第11期。

括为“五大红利”——体制转轨红利、全球化红利、人口结构红利、后发展红利和县际竞争发展模式红利（郑京平，2011）①。随着时间的推移，特别是当国民收入以及人民生活水平迈入新的阶段，诸多传统的红利开始日益呈现消散的趋势。

（一）人口结构的变化以及人口红利消散

对于改革开放以来中国经济高速增长中人口因素贡献的分析，王丰、安德鲁·梅森（2006）②认为 15%可归功于人口贡献，蔡昉、王德文（1999）③认为 23.71% 是人口红利的作用。尽管分析方法不同且结论有所不同，但可以肯定的是，人口红利是中国经济快速发展的重要因素。中国庞大的人口数量提供了世界第一规模的劳动力基数，同时大规模的劳动力从农村迁移到城市，造就中国作为“世界工厂”的地位不容撼动的局面，也充分证明了庞大的劳动力数量带来的人口红利对经济增长的显著促进作用。依据蔡昉（2010）④的研究，中国目前已经走到劳动力从无限供给转向有限供给的转折点，人口红利逐步消失。随着适龄劳动人口占总人口比重开始下降，过去依靠劳动力规模以及由此而带来的分工效应都会减弱。

我们观察中国婴儿潮出现的时间段，过去 40 年对经济增长贡献的主力人群 1955—1975 年出生，但到了 2015 年，这一时段出生的人群普遍达到了 40—60 岁，他们将陆续退出劳动力市场，人口老龄化开始加速到来。虽然 1955—1975 年的人口生育了 1980—2000 年的人口，但相比之前“50 后”—“70 后”要少，及中国生育意愿不断走低，说明中国的年轻劳动力越来越少，中国人口红利消失、人口老龄化成为必然趋势。

① 郑京平：《中国发展奇迹的原因探析及趋势分析》，《经济社会体制比较》2011 年第 1 期。

② 王丰、安德鲁·梅森：《中国经济转型过程中的人口因素》，《中国人口科学》2006 年第 3 期。

③ 蔡昉、王德文：《中国经济增长可持续性与劳动贡献》，《经济研究》1999 年第 10 期。

④ 蔡昉：《人口转变、人口红利与刘易斯转折点》，《经济研究》2010 年第 4 期。

人口的老龄化在加速到来,我们进一步分析刘易斯拐点是否出现。刘易斯拐点最大的特征在于传统部门的工资开始上升,慢慢追上现代部门。我们绘制出中国城镇单位就业人员平均工资和农民工平均工资(见图 2-1),可以看出,中国劳动力工资普遍呈现上升的趋势,另外以农民工为代表的传统部门平均工资增长率超过或是接近“两位数”,由此可见劳动力成本的上升,将对中国经济产生深远的影响。过去 40 多年我们劳动力数量占绝对优势,劳动力成本低廉成为经济发展的助推器。现阶段这个人口红利的前期逐渐式微,在未来依靠劳动力质量提高的红利仍举步维艰。

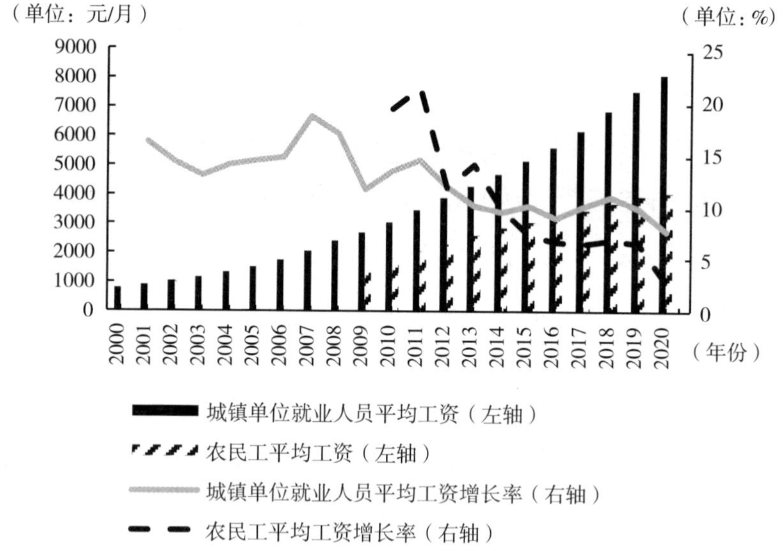

图 2-1　2000—2020 年中国城镇单位就业人员平均工资和农民工平均工资以及增长率①

① “中国城镇单位就业人员平均工资”数据来源于国家统计局,但是该数据为年度平均工资。本书为了和农民工工资进行对比,将其除以 12 化为每月的平均工资。“农民工平均工资”数据来源于 2009—2018 年历年的《农民工监测调查报告》。

（二）高投资驱动的模式难以为继

高投资驱动经济增长的模式是高储蓄和高投资长期并存，储蓄转化为投资的机制是顺畅高效的。受中国传统文化影响，我国居民有较强的储蓄习惯（叶德珠，2008①；程令国和张晔，2011②；周绍杰等，2009③；杨汝岱和陈斌开，2009④），中国居民的储蓄率远高于其他发达国家。高储蓄与中国“人口红利”带来的劳动力成本优势相结合，顺利地转化为高投资，从而促进经济长期高速增长。

随着中国“人口红利”优势的逐步衰减和劳动力供给增速下降，近年来我国国民储蓄率及居民储蓄率都呈现明显下降的趋势（见图 2-2）。进入 21 世纪后直到 2008 年，中国储蓄率经历了一个快速上升的阶段。在此阶段，国民储蓄率和居民储蓄率从 2000 年的 35.7%、31.9%飙升至 2008 年的 51.8%、41.3%，分别增加了 16.1 个百分点和 9.4 个百分点。之后储蓄率开始缓慢下降，国民储蓄率于 2011 年跌至 50%以下，另外国民储蓄率和居民储蓄率 2019 年相比于 2008 年累计下降了 8 个百分点和 6.5 个百分点。

为什么我国储蓄率会出现下降？从各国储蓄率下降的经验来归结原因：储蓄率中期看人口，短期看经济。事实上，许多国家在发展过程中均经历过储蓄率下降的过程，美国和日本曾分别在 20 世纪 80 年代和 90 年代经历了储蓄率下降的过程。具体分析美、日两国储蓄率下降的原因，均与人口结构密切相

① 叶德珠：《东亚国家高储蓄、低消费之谜的行为经济学解析》，《亚太经济》2008 年第 3 期。

② 程令国、张晔：《早年的饥荒经历影响了人们的储蓄行为吗？——对我国居民高储蓄率的一个新解释》，《经济研究》2011 年第 8 期。

③ 周绍杰、张俊森、李宏彬：《中国城市居民的家庭收入、消费和储蓄行为：一个基于组群的实证研究》，《经济学（季刊）》2009 年第 4 期。

④ 杨汝岱、陈斌开：《高等教育改革、预防性储蓄与居民消费行为》，《经济研究》2009 年第 8 期。

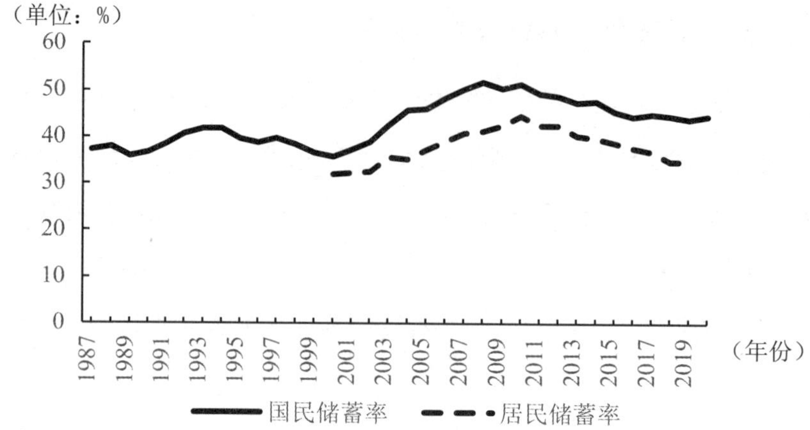

图 2-2 1987—2019 年中国国民储蓄率和居民储蓄率①

关。一般来讲,对一国储蓄率有着根本性影响的是人口结构的变化:因为人口结构中,15—64 岁的人绝大多数可以通过工作取得收入,当收入高于消费时,多余部分将会转化为储蓄。而当年龄处于 15 岁之前的幼年时期或是 64 岁之后的老年时期,无收入或者收入减少,使他们的纯消费活动增加,居民储蓄呈现明显下降的趋势。因此,一国的储蓄率取决于 15—64 岁人口的占比,即随着 15—64 岁人口占总人口比重的下降而使储蓄率不断下滑。日本在 20 世纪 90 年代储蓄率持续下降的根本原因在于人口结构调整。日本国民储蓄率和居民储蓄率自 1991 年以后就持续回落,而日本在此时期的人口老龄化加速,15—64 岁人口占比在 1991 年前后达到高点并持续下降。20 世纪 80—90 年代美国国民储蓄率的变化同样也与人口结构有关。美国 15—64 岁人口占总人口的比重在 80 年代初达到阶段性高点,之后开始持续下跌,从而使美国国民储蓄率也随之下行。直到 1993 年前后,美国 15—64 岁人口占比开始小幅回升,同时期美国的国民储蓄率也开始反弹,停止了下降趋势。

储蓄率下降意味着投资增速会下滑,投资拉动的经济增长不再持续。在

① 数据来源于世界银行(World Development Indicaters,WDI)数据库。

经典的宏观经济学理论中，在不考虑国际收支的封闭经济体中，投资率的水平取决于储蓄率。因此，当一国储蓄率出现下降时，投资占国民收入的比重会随之下降，投资增速也出现明显放缓。诸多发展中国家在经济高速发展时期都出现过储蓄率迅速上升的典型事实，这为储蓄转化为投资、投资的扩大提供了基础，中国过去长期的发展模式也与此一致。但随着人口结构的转变，未来中国储蓄率会持续下降并拖累投资增速，所以传统高投资驱动经济模式将难以为继，如果经济不能完成转型就可能落入低增长区间。

（三）传统出口导向型经济模式难以持续

中国经济增长与宏观稳定课题组（2008）①曾将中国经济高速增长的机制归纳为“低价工业化增长模式”，即廉价的劳动力和资源供给，是中国贸易长期增长的最为重要的支持因素，同样也使中国形成了出口导向型的增长模式。过去对外商直接投资（Foreign Direct Investment，FDI）、外贸对中国经济增长贡献的研究（江小涓和李蕊，2002②；尹敬东，2007③），都证明了一个结论：中国经济增长有赖于外部经济。

随着刘易斯拐点的出现，中国低成本竞争优势被削弱，出口增速换挡，以前中国的出口增长能保持年均20%—30%，未来年均出口维持5%—10%的增长已不易，贸易盈余对经济增长的贡献会呈现不断下降的态势。首先，廉价劳动力资源日益稀缺，企业利润空间越来越小。随着中国“人口红利”的消失以及人口老龄化的到来，人口抚养负担会日益沉重，随之劳动力无限供给面临终结，劳动力资源丰富优势会逐渐丧失，所以依靠廉价劳动力资源构成中国制

---

① 中国经济增长与宏观稳定课题组：《中国可持续增长的机制：证据、理论和政策》，《经济研究》2008年第10期。

② 江小涓、李蕊：《FDI对中国工业增长和技术进步的贡献》，《中国工业经济》2002年第7期。

③ 尹敬东：《外贸对经济增长的贡献：中国经济增长奇迹的需求解析》，《数量经济技术经济研究》2007年第10期。

造的“世界工厂”的发展方式正在走向末路。同时由于我们长期依靠劳动力丰裕的比较优势,在对外贸易中,出口产品的集中在资源型产品和劳动密集型产品。这类产品作为我们过去贸易增长的主要支撑,主要依靠低价出口来保持市场份额。但随着资源禀赋的变化,这类数量大、品种多、附加值低、差异较小的产品的“低价”优势会日趋丧失,则企业利润空间也会越来越有限。其次,世界市场竞争日趋激烈,生存空间越来越狭窄。国际市场对商品的需求量及其购买力是相对稳定和有限度的,随着中国出口导向型模式的成功,越来越多的发展中国家开始采取这类模式,特别是如印度、越南等新兴市场国家的企业市场进入能力日益增强,这就使国际市场产品的供给量呈现不断增加的趋势,国与国之间的企业竞争也日趋激烈。同时随着各国科技水平的提高和技术创新的加快,产品生命周期不断缩短,产品更新换代的速度明显加快,这均造成中国出口类企业的生存空间日趋狭窄。再次,持续过度的能源资源消耗难以承担,出口粗放型增长难以为继。以过度消耗资源、破坏环境为代价的相对低端和低效率的过度扩张使中国面临“资源环境瓶颈”。在诸多领域,中国依靠投入大量自然资源和社会资源取得了世界第一的市场占有率,但资源的锐减和生态环境的急剧恶化是不争的事实。所以未来面对日益严峻的资源能源约束以及对环境保护的重视,过去追求规模和速度的出口粗放型增长将难以持续。最后,技术差距缩小导致学习效应下降。众所周知,发达国家对发展中国家的技术扩散是通过投资来实现的,可称为“投资中学”,但随着国内技术提高,这种学习效应下降,国内技术进步会减速增长并最终停止(中国经济增长与宏观稳定课题组,2008)①。所以在最初技术差距较大时,外商直接投资使我们迅速掌握新技术,使产出效率不断提高,但经过这么多年的学习,国内外技术差距逐渐变小,这种技术引进的学习效应递减成为一种正常的现象。另外由于近些年国际经济形势的恶化,在国际金融危机以后,世界主要大国为

① 中国经济增长与宏观稳定课题组:《中国可持续增长的机制:证据、理论和政策》,《经济研究》2008年第10期。

了重塑制造业的核心竞争力，相继推出“再工业化”和高端制造业发展战略，中国也适时推出《中国制造2025》。面对中美技术差距日益缩小以及中国产品对美国市场形成的威胁，美国以“贸易摩擦”的形式来遏制中国的发展。杨飞等（2018）①进一步研究说明中美贸易摩擦的实质是中美之间由于中国技术追赶后导致的技术差距缩小。综上，外贸红利的薄化也不可逆转，传统出口导向型经济模式难以持续成为客观事实。

除此之外，改革开放以来我们以体制转型为主线，以渐进改革为路径，通过宏观体制、微观体制的改革以及发展环境的改善，促进了中国的经济增长。可以说，过去经济的持续增长得益于资源配置的改进，即资源从利用效率较低的部门释放出来，转移到利用效率较高的部门中去（樊纲，2000）②。但时至今日，过去“容易改”的效能基本释放殆尽，诸多改革进入“深水区”。另外，改革初期对传统制度变革的强烈压力，促使各改革主体之间形成“增长共识”，这种“共识”产生的合力作用对持续的高增长拉动效应明显。但是随着改革的深入，各阶层分化明显，市场分割程度不降反增，要素价格未形成合理的决定机制等问题，都使过去的“合力”在慢慢演变为“分力”。

二、结构转变加速

新发展阶段下，中国经济将呈现速度变化、结构优化、动力转换三大特点。在增速换挡的背后，经济结构也会随之发生系统的变化。

在产业结构方面，一是中国服务业比重上升将是不可逆的趋势。2012年第三产业现价增加值占GDP的比重上升到45.5%，首次超过第二产业成为国民经济第一大产业。同时第三产业对GDP的贡献率越来越高，虽然在2020

① 杨飞、孙文远、程瑶：《技术赶超是否引发中美贸易摩擦》，《中国工业经济》2018年第10期。

② 樊纲：《论体制转轨的动态过程——非国有部门的成长与国有部门的改革》，《经济研究》2000年第1期。

年该数据受新冠疫情影响有所下降,但 2017—2019 年该数据都在 60%以上。第三产业增加值的增长速度快于第二产业,这标志着中国开始进入后工业社会,开始形成以服务业为主的经济结构。在服务业中,生活性服务业跑出“加速度”,满足着居民消费从模仿型排浪式向个性化多样化转变的需求,助推消费活力充分释放。在产业深度融合中,生产性服务业着重践行“创新驱动”的发展理念,创意科技、仓储物流等服务业快速发展,加快了传统制造业深化专业分工以及技术改造的进程;电子商务在促进产销衔接、倒逼产品标准化和质量安全可追溯等方面渐显优势。由此可见,新发展阶段下中国服务业比重上升是不可逆的长期趋势。

二是以“三新”经济为核心的新经济占比持续上升。依托新一代通用技术而形成的“新产业、新业态、新商业”模式经济正在蓬勃发展。2020 年全国“三新”经济增加值为 169254 亿元,相当于 GDP 比重的 17.08%,比上年提高 0.7 个百分点。“三新”经济以互联网为核心基础设施,以数据为核心资源,其几乎不受传统自然资源和环境限制,增长空间充分、发展潜力巨大、市场前景广阔,同时新经济也成为新就业的“造风者”。随着“三新”经济占比不断上升,其对我国经济进入新发展阶段后维持高质量发展的作用不可小觑。随着中国深入实施数字经济发展战略,数字技术蓬勃兴起,数字经济发展后发先至,有力地支撑了现代化经济体系的构建与经济社会的高质量发展。2020 年,中国数字经济核心产业增加值占 GDP 的比重为 7.8%,数字化中国建设成绩斐然。中国以数字技术为主导的“新经济”迅猛发展,正引领着全球科技变革与产业发展,同时也对中国经济结构变迁形成巨大的冲击。

在所有制结构方面,随着中国经济发展以及社会主义市场经济体制改革不断深入,所有制结构已由单一的公有制经济转变为公有制、非公有制和混合所有制多种所有制经济共同发展的局面。首先,国有经济占比下降与私营经济占比上升变化趋缓(见图 2-3),进入 21 世纪,虽然国有经济企业个数占比下降明显,2020 年近七成的规模以上企业为私营企业。其次,国有经济在向关系国家命脉的行业和关键领域收缩集中并开始占主导地位。在资源性、公共服务性和涉及国家安全的重要行业及领域，国有资本在布局上逐步收缩集中，并发挥着主导作用。相对来说，在批发零售业、餐饮住宿业等竞争性行业国有经济退出速度较快，非公有制经济逐渐占据优势。这有效地活跃了市场、促进了竞争，满足了多样化的需求。最后，混合所有制经济快速发展并发挥日益重要的作用。

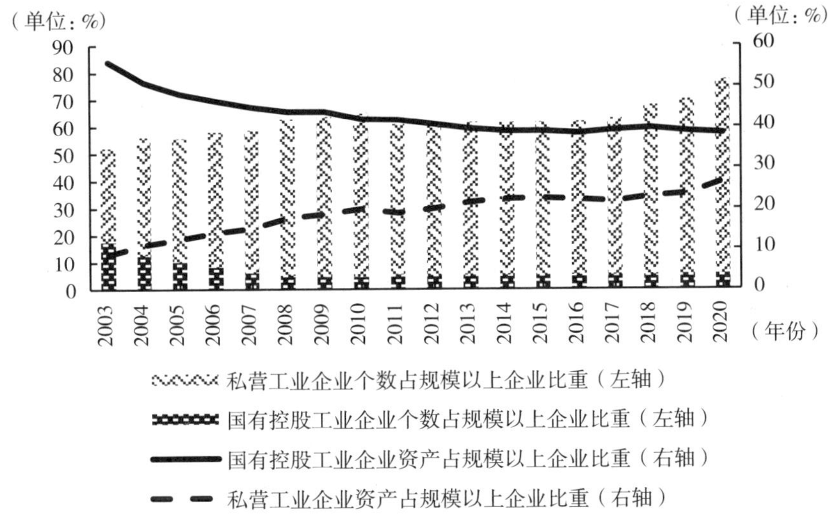

图 2-3　2003—2020 年中国所有制结构的变化①

新发展阶段下如何提升国有经济效益、优化所有制结构仍是需要重点解决的问题。探索并完善混合所有制经济的发展环境、完善不同所有制经济公平竞争共同发展制度环境、营造公平竞争市场环境支持民营经济发展、优化营商环境引导外资经济健康发展等问题仍是所有制结构调整和优化讨论的重点和难点。

在“两化”结构方面，一方面，在工业化中，由于工业增长速度变化、工业需求侧变化、工业产业结构和区域结构变化以及工业企业微观主体表现的变

① 数据是根据《中国统计年鉴》公布“工业”中的有关指标测算形成。

化,中国工业经济正走向一个速度趋缓、结构趋优的阶段(黄群慧等,2017)①。在工业化的后期,最关键的在于,发达国家"再工业化"对我国的工业化进程形成了冲击和挑战(黄群慧和贺俊,2013)②:一是会弱化我国的要素成本优势,使中国的"低成本"优势加速弱化。二是对我国产业升级和产业结构升级形成抑制。发达工业国家通过发展工业机器人、高端数控机床、柔性制造系统等现代装备制造业控制新的产业制高点,为发达工业国家重塑制造业和实体经济优势提供机遇,导致制造业重心再次向发达国家偏移,从而使后发国家产业赶超路径可能被封堵。另外,当前新一轮科技革命与产业变革方兴未艾,以人工智能、大数据、云计算、区块链、物联网、虚拟现实、量子科技等为核心的新一代信息技术强势崛起,同生物、能源、材料和神经科学等领域交叉融合,引发了以绿色、智能、泛在等为特征的群体性技术变革。新一代通用技术形成的第四次技术革命正在全球蓬勃发展,所以如何以"第四次工业革命"为契机,发展新的制造系统和生产设备生产等新兴产业,同时推动移动互联、云计算、大数据等对新业态、商业模式和商业规则的改变和颠覆是中国后工业化时代绕不开的话题。另一方面,在城市化中,改革开放40多年间随着工业化的加速,中国也走过了波澜壮阔的城镇化进程。1978—2020年,中国的城镇化率从17.9%提升到63.89%,年均增长率为3.08%;城镇常住人口从1.7亿人增加到8.48亿人,年均增长率也达到了4.08%。城市水、电、路、气、信息网络、公园绿地等基础设施的"硬条件"显著改善,同时城市的"软环境",诸如教育、医疗、社会保障、文化娱乐等公共服务水平也呈现勃勃生机。回顾中国40多年的城市化进程,虽取得了丰硕的成果,但传统的城市化以经济发展为目标,以地方政府推进为主导,以土地开发为核心内容,以资本要素投入的规模扩张为

① 黄群慧、黄阳华、贺俊、江飞涛:《面向中上等收入阶段的中国工业化战略研究》,《中国社会科学》2017年第12期。

② 黄群慧、贺俊:《"第三次工业革命"、制造的重新定义与中国制造业发展》,《工程研究——跨学科视野中的工程》2013年第2期。

发展方式，到目前已经问题众多，难以持续：一是土地城市化进程过快。以土地开发为主要内容的传统城市化使一些城市过度依赖土地出让收入和土地抵押融资，以这类方式推进的城市化存在浪费耕地资源，加大地方债务风险的问题。二是人口城市化进程不完全。通过对城市户籍人口和常住人口的比较，发现中国存在人口的半城市化，即在城市生活但并未完全在城市落脚，呈现出人口城市化严重滞后于土地城市化的现象。三是大量"空城"涌现。一些地方受土地财政的驱使，一味单纯地进行大规模住宅开发和城市层面基础设施建设，并未与相应的产业匹配和人口需求匹配，造成新城成为"空城"。四是大量"病城"出现。一些大中型城市人口增加的速度较快，导致城市整体公共基础设施建设和公共服务的提供速度无法与之相匹配，从而造成"化城"与"化人"不同步。另外城市居民在空间上的"职"和"住"分离，即产业就业功能和居住功能的分离导致人口潮汐流动带来城市拥堵的"城市病"。还有不同行政级别城市之间公共服务差异分布带来的"大城市病"，即人口向大城市过度聚集，造成城市发展的不平衡。所以，如何发展以人为本、统筹城乡、优化布局的中国特色新型城镇化是新时代下推进城市化亟待解决的问题。

三、技术赶超加快

改革开放40多年，从"科学技术是第一生产力"到"创新是引领发展的第一动力"，从实施科教兴国、人才强国战略到深入实施创新驱动发展战略，从增强自主创新能力到建设创新型国家，中国科技走过了不平凡的40多年，留下了精彩的中国故事。科技进步日新月异，为我国综合国力的提升提供了重要支撑，为造福百姓提供了强大的支持。40多年间，中国从"科学的春天"①走向创新盛世：研发投入持续增加、重大成果频频涌现、科技体制不断完善、创

---

① 1978年3月18日全国科学大会隆重召开，邓小平同志在这次会议上强调"科学技术是生产力"，充分肯定了科学技术在社会主义现代化建设中的地位与作用。在大会闭幕式上，中国科学院院长郭沫若作了《科学的春天》的发言，所以1978年被称为"科学的春天"。

新活力竞相迸发,成为具有全球影响力的科技创新大国。创新不仅改变着中国,同时也在改变着世界。

新发展阶段的核心背景是资源禀赋结构的变化,在这一宏观环境发生根本改变的当下,党的十九大提出中国经济已由高速增长阶段转向高质量发展阶段,创新驱动、先进制造成为新发展阶段的主要特征。这不仅仅是一种政策诉求,更是基于资源禀赋结构转变的经济规律使然。上述分析已经提出,改革开放初期,中国的主要优势在于丰富的劳动力资源,劳动密集型产业成为经济的主导产业。随着经济的发展,在我国较高储蓄率的支撑下,物质资本日益丰富;另外中国加入世界贸易组织抓住全球化的市场机遇,劳动和资本密集型特征的制造业快速发展。但当前,我国的资源禀赋结构正日益向技术倾斜,这为向技术赶超型的主导结构变迁提供了基础。于是人口结构转变带来的资源禀赋结构的改变,是理解近年来我国技术赶超加快的核心线索。近年来,中国在技术领域的突破是跨越式的,且技术赶超在现阶段密集出现,具体表现为:

第一,持续投入提升技术水平:研发支出占比快速攀升。作为技术领头者的美国,研发支出占 GDP 的比重长期保持在 2.5%—3%。与美国相比,20 世纪 90 年代中期,中国的研发支出占 GDP 的比重不足美国的 20%,到 2018 年已与美国差距很小(见图 2-4,2018 年中国研发支出占 GDP 的比重为 2.14%),且近些年中国研发支出占 GDP 比重的增长率也远超美国。2018 年研发支出为 19657 亿元,比上年增长 11.6%,超过欧盟 15 国(包括法国、德国、英国、意大利、西班牙、葡萄牙、奥地利、爱尔兰、比利时、丹麦、希腊、卢森堡、荷兰、瑞典共 15 个国家)平均水平,对技术进步的重视以及持续增加创新投入,使科技作为中国创新驱动发展“第一动力”的作用更加凸显。

第二,专利激增加速技术追赶:全球专利申请,中国后来居上。专利申请是我们观察一国科研成果商业化的最佳视角,也是衡量一国创新能力的基本

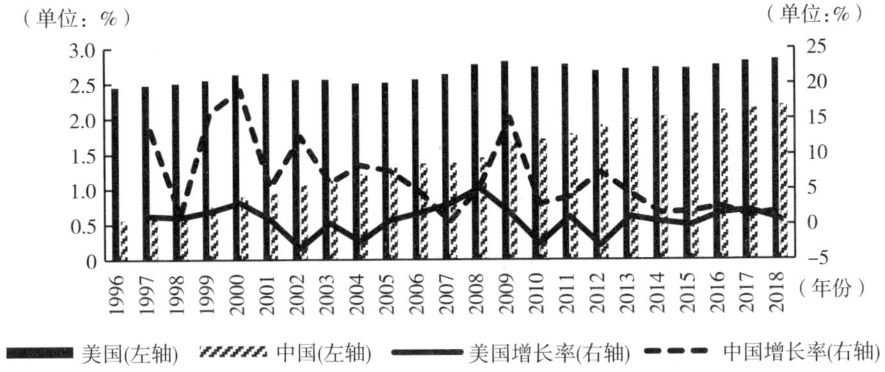

图 2-4　1996—2018 年中国和美国研发支出占 GDP 比重的变化及增长率①

指标。根据世界知识产权组织（World Intellectual Property Organization，WIPO）的统计，2020 年中国专利申请量达到 1497159 件，占全球的比例高达 45.7%，位居世界第一。在含金量更高的专利合作协定（Patent Cooperation Treaty，PCT）专利申请中，中国申请量达到 68720 件，占全球专利合作协定专利申请的 24.9%，也位居世界第一，相比上年增长了 16.1%。2020 年专利合作协定的最大申请人是中国的华为公司，申请量为 5464 件。2021 年数字技术专利前十位申请公司中中国占三席，分别是华为、京东方和 OPPO，另外中国电信科学技术研究院在数字技术专利申请方面领跑全球公共研究部门。由此可见，中国一些企业与行业广泛融入新一轮数字技术革命，这为中国发展数字经济重塑新动能、扩展新增长潜力提供了空间。

第三，工程师储备全球领先。技术进步最主要的是依靠大量的工程师，人才是科技创新的第一资源。教育、研发和创新是技术追赶的最大底气。改革开放以来，我国科技人力资源得到恢复和发展，科教兴国、人才强国战略的大力实施使科技创新队伍不断壮大。特别是高校扩招以来人才不断积累（工学毕业生 20 年持续高增长，每年毕业的本科生约为 120 万人，硕士研究生约为

① 数据来源于世界银行（World Development Imdocators，WDI）数据库。

18万人)以及海外留学人员归国潮的到来,都说明中国有巨大的工程师储备。2020年,按折合全时工作量计算的全国研发人员总量为509.2万/人/年,稳居世界第一位。

第四,基础科学助力研发和技术实力:基础科学实力追赶明显。中国技术进步离不开近些年对基础科学的重视,1996—2021年我国基础研究经费年均增长达到17.7%,2021年达到了1696亿元。另外每年由*Nature*发布的“自然指数”,是目前评价一国高水平基础学术产出的重要指标。该指数的计算和统计主要是对前一年各科研机构在*Nature*系列、*Science*、*Cell*等82种自然科学类期刊上发表的研究型论文数量进行总计,目前是反映一国(机构)基础科学实力比较好的指标。最新一期自然指数美国虽仍稳居霸主地位,中国位列第二,但中国自然指数增长最快;在全球Top 10研究机构中,中国科学院稳居第一,中国科学技术大学也上榜前十,并且中国有21所高校进入全球Top 100,说明中国整体基础科研实力增长强劲。另外,近些年我国基础研究重大成果不断涌现,居世界前列的化学、材料、物理等学科蜚声海内外,取得重要原创性突破,诸如铁基超导材料保持国际最高转变温度,量子反常霍尔效应、中微子振荡、干细胞等。另外,悟空、墨子、慧眼、碳卫星等系列科学实验卫星成功发射,500米口径球面射电望远镜、上海光源、全超导托卡马克核聚变装置等重大科研基础设施,均彰显了中国基础科学实力追赶明显,成为我国进行前沿技术创新最大的助力。

第三节　中国经济增长潜力传统测算方法的局限性和不适用性

通过上述分析可以看出,新发展阶段最大的特征即为资源禀赋和发展阶段均发生了显著变化。随着我国劳动力、资本、土地等价格上扬,传统人口红利消失以及高投资难以为继,相应的经济结构变化在加快以及技术追赶的速度在变化，均说明新发展阶段预测未来中国宏观经济发展以及测算中国经济增长潜力需要新方法。

在梳理中国经济增长潜力测算的传统方法中，首先，消除趋势测算增长的长期态势作为增长潜力度量的方法，基本假设是宏观经济环境是稳定的，因为这类方法不会考虑其他变量对序列造成的不稳定。所以这类方法在中国宏观经济处于稳定状态下进行分析是合适的，但面对新时代下中国宏观环境的剧烈变化，一般的消去趋势或是滤波方法的科学性会遭到质疑。其次，计算所有资源得到充分利用时最大产出的增长率作为增长潜力度量的方法，面对资源禀赋发生显著变化的当下，也存在不足：一方面，对影响增长潜力的供给方考虑不足，虽然这类方法集中在对供给面的考察，但主要是对资源供给面的变动趋势的预测，对其他引起供给变动的因素分析不充分，特别是对在新时代下结构加速转变以及技术追赶加快的宏观变化会考虑不足；另一方面，这类方法是典型的短期分析，若是超过五年的长时序预测和估算，其适用性明显降低。再次，通过国际比较的外推方法来测算经济增长潜力的方法，如果单一使用，中国发展路径与发达国家曾经走过的路径是有差异的，特别是发达国家不兼具"发展+转轨"的双重性质，所以简单用国际比较的外推法依然存在弊端，但个别情景可以参考国际发展经验。最后，以国民经济发展模拟为主体的多维综合视角来估算和预算经济增长潜力的方法，最大弊端在于假设过于烦琐，设定了太多的外生冲击与微观主体行为，在宏观环境发生巨大变化的当下，如何设定就成了亟待解决的关键问题，而设定不合适就会降低模型估计的准确性。鉴于此，在新发展阶段下测度和估算中国经济增长潜力，诸多传统方法存在明显的局限性，主要原因在于新发展阶段中国宏观经济环境发生了变化，所以在此采用多因素综合的方法是合适且可行的。

于是，本书对新发展阶段未来中国经济增长潜力的测算，主要采取的是状态空间模型（State Space Model，SSM），因为该模型可以揭示动态系统中不可观测成分的动态特征。状态空间模型的传统估计方法是基于卡尔曼滤波的最大似然估计,但该方法存在一个明显的缺陷,即对状态变量的估计依赖于其他参数。具体来说,首先得到未知参数的最大似然估计,其次假定这些参数是非随机的,即假定它们的最大似然估计量就是它们的真实值。后续人们对状态空间模型的估计进行进一步优化,即运用贝叶斯估计方法将所有参数当作随机变量处理:首先根据认知对参数的分布作出判断,这时参数的分布称为先验分布。在得到样本观测值后,研究者根据观测值信息利用贝叶斯原理修正自己对参数分布的判断。在贝叶斯估计的框架下,模型的参数与状态变量都被当作随机变量处理。与传统的基于卡尔曼滤波的最大似然估计相比,其进步之处在于对状态变量的推断是根据参数的联合分布不是条件分布,因此贝叶斯方法提高了估计的准确性。贝叶斯估计的后验分布的函数形式往往相当复杂,无法直接进行状态向量和各个参数的估计,而吉伯斯样本生成器(Gibbs Sampler,GS 算法)提供了有效的解决办法。吉伯斯样本生成器是最常用也是最具代表性的马尔科夫链蒙特卡洛方法(Markov Chain Monte Carlo,MCMC),由杰曼(Geman,1984)①等提出和发展,现在已成为计量经济分析中通用的工具,借鉴赵昕东和耿鹏(2009)②的研究,本书将吉伯斯样本生成的方法应用到状态空间模型的估计来预测和估算中国经济的潜在增长率。

考虑未来中国经济可能发生的重大变化,从技术赶超、结构优化和资源错配纠正三个角度估算和模拟未来中国经济增长的情景和增长潜力,从而达到运用新方法、新手段测算和估计中国经济增长潜力的目标,并有的放矢地提出未来提高中国经济增长潜力的路径和措施。

---

① Geman D.,"Stochastic Relaxation,Gibbs Distributions,and the Bayesian Restoration of Images," in IEEE Transactions on Pattern Analysis and Machine Intelligence,Vol. PAMI-6,No. 6, 1984, pp.721-741.

② 赵昕东、耿鹏:《基于 Bayesian Gibbs Sampler 的状态空间模型估计方法研究及其在中国潜在产出估计上的应用》,《统计研究》2009 年第 9 期。

第三章　中国经济增长潜力估算和分析的基准模型

第一节　中国经济增长潜力估算的基本方法

基于贝叶斯—吉伯斯样本生成状态空间模型的经济增长潜力估算方法，本书利用柯布—道格拉斯生产函数估算总量生产函数，具体形式如下：

$$Y_t = A_t K_t^{\alpha} (L_t)^{\beta} e^{u} \tag{3-1}$$

其中，Y_t、K_t、L_t 分别代表总产出、物质资本投入和劳动投入；α、β 分别代表资本产出弹性系数和劳动产出弹性系数；A_t 代表随时间 t 变化的全要素生产率，u 是白噪声统计特征的随机扰动项。

一般在估算总量生产函数时，考虑的是广义的劳动投入，即有效的劳动投入，所以要加入平均人力资本水平 h。传统的估计 α、β 为固定不变的系数，这与中国经过 40 多年发生的经济改革、结构转型、外部冲击等诸多事件的典型事实不符。所以考虑时变弹性的总量模型更为合理，总量生产函数进一步写为：

$$Y_t = A_t K_t^{\alpha_t} (L_t h_t)^{\beta_t} e^{u_t} \tag{3-2}$$

对式（3-2）两边取对数，则有：

$$\ln Y_t = \ln A_t + \alpha_t \times \ln K_t + \beta_t \times (\ln L_t + \ln h_t) + u_t \tag{3-3}$$

其中,令 $y_t = \ln Y_t$ 、$\gamma_t = \ln A_t$ 、$k_t = \ln K_t$ 、$l_t = \ln(L_t h_t)$,并假设时变参数服从随机游走过程,随机扰动项服从高斯分布,则构建状态空间模型如下:

$$y_t = \gamma_t + \alpha_t \times k_t + \beta_t \times l_t + u_t, u_t \sim N(0,V) \tag{3-4}$$

$$\gamma_t = \gamma_{t-1} + \omega_{1t}, \omega_{it} \sim N(0,W_1) \tag{3-5}$$

$$\alpha_t = \alpha_{t-1} + \omega_{2t}, \omega_{2t} \sim N(0,W_2) \tag{3-6}$$

$$\beta_t = \beta_{t-1} + \omega_{3t}, \omega_{3t} \sim N(0,W_3) \tag{3-7}$$

在式(3-4)—式(3-7)中, $u_t, \omega_{it}(i=1,2,3)$ 均为独立白噪声序列,其方差分别为 $V, W_i(i=1,2,3)$。再记:

$$\begin{cases} \theta_t = (\gamma_t, \alpha_t, \beta_t) \\ F'_t = (l, k_t, l_t) \\ G_t = (\xi_1, \xi_2, \xi_3) \\ \omega_t = (\omega_1, \omega_2, \omega_3) \\ W = (W_1, W_2, W_3) \end{cases} \tag{3-8}$$

所以相应的观测方程及状态方程可以写成:

(1)观测方程:

$$y_t = F'_t \theta_t + u_t, u_t \sim N(0,V) \tag{3-9}$$

(2)状态方程:

$$\theta_t = G_t \times \theta_{t-1} + \omega_t, \omega_t \sim N(0,W) \tag{3-10}$$

在式(3-8)—式(3-10)中, γ_t、α_t、β_t 称为状态向量,是不可观测变量,有待估计。状态方程(3-10)说明了模型假设状态向量符合 AR(1)过程, ξ_1、ξ_2、ξ_3 为 AR(1)系数,有待估计。ω_1、ω_2、ω_3 为随机扰动项,有待估计。

对于参数的估计采用的是贝叶斯推断及马尔科夫链蒙特卡洛方法(MCMC)抽样策略:

(1)在状态参数及数据条件下,对精度参数 V^{-1} 和 W^{-1} 采用吉布斯(Gibbs)抽样:设精度参数 V^{-1} 初始值的均值、方差分别为 a_y、b_y ;精度参数

W^{-1} 初始值的均值、方差分别为 a_{θ_i}、$b_{\theta_i}(i = 1,2,3)$，精度参数 V^{-1} 和 W^{-1} 可按照下列分布抽样：

$$V_i^{-1} \mid \theta_t, Y_t \sim Gamma(\frac{a_y^2}{b_y} + \frac{T}{2}, \frac{a_y}{b_y} + \frac{1}{2} S S_Y)$$

$$W_i^{-1} \mid \theta_{t,i}, Y_t \sim Gamma(\frac{a_\theta^2}{b_\theta} + \frac{T}{2}, \frac{a_\theta}{b_\theta} + \frac{1}{2} S S_\theta) \tag{3-11}$$

其中，$SS_Y = \sum_{t=1}^{T} (Y_t - F'_t \theta_t)(Y_t - F'_t \theta_t)'$，$SS_\theta = \sum_{t=1}^{T} (\theta_t - G_t \theta_{t-1})$ $(\theta_t - G_t \theta_{t-1})'$。

（2）在精度参数及数据条件下，对状态参数 θ_t 采用 FFBS 抽样①：根据 FFBS 算法，对状态参数向量空间进行前向滤波，后向吉布斯抽样，从而获得时变参数的向量值。首先给定初始信息 $\theta_0 \mid D_0 \sim N(m_0, C_0)$，在前向滤波步骤中，在时刻 $t=1,2,\cdots,T-1$ 时对式（3-12）进行前向迭代滤波计算：

$$\theta_t \mid D_t \sim N(m_t, C_0) \tag{3-12}$$

其中有：$\begin{cases} m_t = \gamma_t + A_t e_t \\ C_t = R_t - A_t R'_t Q_t \\ A_t = R_t F_t Q_t^{-1} \\ e_t = y_t - f_t \\ \gamma_t = G_t m_{t-1} \\ R_t = G_t C_{t-1} G'_t + W_t \\ f_t = F'_t \gamma_t \\ Q_t = F'_t R_t F_t + V \end{cases}$，在后向吉布斯抽样步骤中，在 $t=T-1$，$T-2,\cdots,0$ 时对式（3-13）进行后向吉布斯抽样计算：

---

① 由 Fruhwirth－Schnatter 和 Carter、Kohn 提出的 FFBS 算法。具体可见 “Fruhwirth－Schnatter, Data Augmentation and Dynamic Linear Model, *Journal of Time Series Analysis*, Vol. 15, No. 2, 1994, pp. 183－202; Carter C., Kohn R., On Gibbs Sampling for State Space Models, *Biometrika*, Vol. 81, No.3, 1994, pp. 541－553”。

$$\theta_t \mid \theta_{t+1}, D \sim N(P_t, H_t) \tag{3-13}$$

其中,$P_t = m_t + B_t(\theta_{t+1} - \gamma_{t+1})$;$H_t = C_t - B_t R_{t+1} B'_t$,$B_t = C_t G'_{t+1} R_{t+1}^{-1}$。

本书采取 OpenBUGS 软件进行编程计算,运用该模型估算未来中国经济增长潜力。

第二节　基础指标的讨论和确定

采取时变参数的增长模型来测算中国经济增长潜力,对基础数据质量的要求相对较高。鉴于此,在此有必要对测算所采用的基础指标进行深入探讨。首先,本书选择的时间维度为改革开放后,即 1978—2020 年。在基准模型中,我们采用全国整体的数据。数据来源于历年《中国统计年鉴》《中国国内生产总值核算历史资料(1952—2004)》和人口普查资料等。

一、对产出指标的处理

对产出数据,我们以 1978 年为基期,利用各年不变价格的 GDP 平减指数,对名义 GDP 进行调整,换算成实际产出。

二、对我国 1978—2020 年资本存量的估算

对资本存量的估算,我们采用永续盘存法,具体表达式为:

$$K_t = (1 - \delta) \times K_{t-1} + I_t \tag{3-14}$$

其中,K_t表示第 t 年的资本存量,K_{t-1}表示第 $t-1$ 年的资本存量,I_t表示第 t 年的投资,δ 表示折旧率。现有的估算资本存量的研究均是在永续盘存法基础上展开的,代表性研究如贺菊煌(1992)①、邹至庄(Chow,

① 贺菊煌:《我国资产的估算》,《数量经济技术经济研究》1992 年第 8 期。

1993)①、王小鲁和樊纲等(2000)②、张军和章元(2003)③、单豪杰(2008)④等。但既有研究均是以1952年作为基年来测算中国整体的资本存量,根据本书需要,在借鉴已有研究的基础上,测算以1978年为基期的资本存量,具体需要交代上述几个关键指标的选择和计算。

(一)初始年份资本存量K_0的确定

本书以1978年作为初始年份对资本存量进行估算。但已有的文献测算资本存量多数从1952年开始,邹至庄(Chow,1993)⑤、贺菊煌(1992)⑥、唐志红(1999)⑦、王小鲁和樊纲(2000)⑧、张军和章元(2003)⑨等从不同角度对初始资本存量进行了估算,且差距较大。但总体来说现有文献对1952年固定资本存量的估计值在600亿—2000亿元(当年价)之间(此时对应的资本产出比为0.9—3倍之间)。后续吴国培等(2015)⑩假定1952年资本存量分别以0.8倍、1倍、1.2倍、1.6倍、2倍、2.4倍和3倍资本产出比进行计算,发现随着时间推移,资本存量差距快速缩小。特别是从1952年到1978年时已经历多年后,资本存量初始较大的差距到1978年时已缩小到非常小。鉴于这样的

---

① Chow G. C.,"Capital Formation and Economic Growth in China",*The Quarterly Journal of Economics*,Vol. 108,No. 3,1993.

② 王小鲁、樊纲等:《中国经济增长的可持续性——跨世纪的回顾与展望》,经济科学出版社2000年版。

③ 张军、章元:《对中国资本存量K的再估计》,《经济研究》2003年第7期。

④ 单豪杰:《中国资本存量K的再估算:1952—2006年》,《数量经济技术经济研究》2008年第10期。

⑤ Chow G. C.,"Capital Formation and Economic Growth in China",*The Quarterly Journal of Economics*,Vol. 108,No. 3,1993.

⑥ 贺菊煌:《我国资产的估算》,《数量经济技术经济研究》1992年第8期。

⑦ 唐志红:《中国平均利润率的估算》,《经济研究》1999年第5期。

⑧ 王小鲁、樊纲:《中国经济增长的可持续性——跨世纪的回顾与展望》,经济科学出版社2000年版,第71—130页。

⑨ 张军、章元:《对中国资本存量K的再估计》,《经济研究》2003年第7期。

⑩ 吴国培、王伟斌、张习宁:《新常态下的中国经济增长潜力分析》,《金融研究》2015年第8期。

事实,我们在此直接借用张军等(2004)[①]设定的 1952 年的初始值,并直接将 1978 年的资本存量设定为张军等(2004)[②]计算的具体值 6267 亿元。

(二) 折旧率 δ 的确定

现有文献对折旧率的确定主要有三种:一是假定某个特定的不变折旧率,如杨格(Young,2003)[③]设定的 6%、龚六堂和谢丹阳(2004)[④]设定的 10%;二是分不同时期设定不同的折旧率,如王小鲁等(2009)[⑤]在改革开放的时点 1978 年之前和之后采取不同的折旧率;三是分省设定不同的折旧率,进一步分省、分时段设定不同的折旧率(张健华和王鹏,2012)[⑥]。所以对折旧率的选择也是莫衷一是,折旧率的确定有很大的主观性。在此,本书借鉴张军等(2004)[⑦]确定折旧率的理由、原则和方法,设定一个固定不变的折旧率,即固定资本形成总额的经济折旧率 δ 为 9.6 %。

(三) 投资价格指数 P_t 的确定

由于每年投资流量数据不具有可比性,一般需要用价格指数进行平减,折算成定基的实际值,这就涉及投资价格指数 P_t 的确定和构造的问题。一般文献均采用固定资产价格指数作为合适的平减指标,但该指标 1993 年开始在统

① 张军、吴桂英、张吉鹏:《中国省际物质资本存量估算:1952—2000》,《经济研究》2004 年第 10 期。

② 张军、吴桂英、张吉鹏:《中国省际物质资本存量估算:1952—2000》,《经济研究》2004 年第 10 期。

③ Young A., Gold into Base Metals: Productivity Growth in the People's Republic of China during the Reform Period, *Journal of Political Economy*, No. 11, 2003.

④ 龚六堂、谢丹阳:《我国省份之间的要素流动和边际生产率的差异分析》,《经济研究》2004 年第 1 期。

⑤ 王小鲁、樊纲、刘鹏:《中国经济增长方式转换和增长可持续性》,《经济研究》2009 年第 1 期。

⑥ 张健华、王鹏:《银行风险、贷款规模与法律保护水平》,《经济研究》2012 年第 5 期。

⑦ 张军、吴桂英、张吉鹏:《中国省际物质资本存量估算:1952—2000》,《经济研究》2004 年第 10 期。

计年鉴中才公布，所以该数据的时序是从 1991 年开始的，这就引申出之前年份（1990 年之前）该数据的估算问题。张军和章元（2003）①曾采取上海市固定资产投资价格指数对全国数据进行调整，后续诸多估算均采取这种替代方法。进一步，张军等（2004）②和吴国培等（2015）③在对之前投资价格指数进行处理时，均根据《中国国内生产总值核算历史资料（1952—2004）》公布的数据进行调整，即通过整理该资料中的"固定资产形成总额发展速度"与"固定资产形成总额名义增速"进行折算，得到"隐含的固定资本形成价格平减指数"。

下面以 1980 年的固定资本形成指数为例，运用隐含的固定资本形成平减指数计算某一年的固定资本形成总额指数。

1980 年固定资本形成总额指数(1978 年 = 1)

$$= \frac{\dfrac{1980\text{年的固定资本形成总额（当年价）}}{1980\text{年隐含的固定资本形成平减指数（1978年}=1\text{）}}}{1978\text{年的固定资本形成总额（当年价）}}$$

1980 年固定资本形成总额指数(上年 = 1)

$$= \frac{\dfrac{1980\text{年的固定资本形成总额（当年价）}}{1980\text{年隐含的固定资本形成平减指数（上年}=1\text{）}}}{1978\text{年的固定资本形成总额（当年价）}}$$

（四）历年投资流量 I_t 的确定

已有文献对投资流量的选择，主要有固定资产积累额、资本形成总额、固定资本形成总额、全社会固定资产投资额和新增固定资产投资等，其中最常用

---

① 张军、章元：《对中国资本存量 K 的再估计》，《经济研究》2003 年第 7 期。

② 张军、吴桂英、张吉鹏：《中国省际物质资本存量估算：1952—2000》，《经济研究》2004 年第 10 期。

③ 吴国培、王伟斌、张习宁：《新常态下的中国经济增长潜力分析》，《金融研究》2015 年第 8 期。

的是固定资本形成总额和全社会固定资产投资额。张军等(2008)①曾对这几个指标的概念和内涵进行了对比,认为固定资本形成总额是一个较好指标,本书也借鉴上述思路,选择固定资产形成总额作为衡量投资流量的指标。

三、对全社会就业人口数据的调整

劳动投入通常用劳动时间来衡量,但我国缺乏相应完整的数据,通常是采用历年全社会就业人数来代替。然而,由于我国统计制度衔接的问题,统计局公布的历年全社会就业人员在 1990 年发生了异常波动,所以有必要对其进行处理。具体处理方式参考吴国培等(2015)②方法;1991 年之后的就业人口数据以统计局公布的为准,不予调整;1978—1990 年的数据,参考 1982 年和 1990 年人口普查数据和当年统计局公布的就业人口之间的差额,计算出两年低估的就业人口分别为 6859 万人和 8009 万人,然后计算出低估人口的平均增速(1.96%),并运用这一增速进行折算,再加上原统计局公布的就业人数可得 1978—1990 年调整后的就业人数,以此作为各年劳动力数量。

劳动力质量以每年平均受教育年限衡量,对 6 岁以上人口的人均受教育年限进行计算,以现行学制年数为系数,其中未上过学为 0、小学文化程度为 6、初中文化程度为 9、高中文化程度为 12、大专及以上文化程度为 16。然而,该数据仅在人口普查年度(1978 年之后仅在 1982 年、1990 年、2000 年、2010 年进行过)和 1987 年、1995 年、2005 年、2015 年的 1%抽样调查公布,其他年份公布的数据为 1‰人口变动调查样本数据。由于数据在个别年份存在剧烈的变化,在此以平均增长率为基础对个别年份的数据进行调整后进行我国就业人口平均受教育年限的折算。

---

① 张军、桂林:《中国的经济发展如何影响了全球经济:基于经济学文献的答案》,《世界经济》2008 年第 8 期。

② 吴国培、王伟斌、张习宁:《新常态下的中国经济增长潜力分析》,《金融研究》2015 年第 8 期。

第三节　资本、劳动和全要素生产率的估计

对模型进行12000次的马尔科夫链蒙特卡洛方法抽样（舍去前面2000次抽样，获得10000次抽样结果），同时参考张五六（2015）①对结果进行G—R统计量诊断，结果显示抽样结果是收敛的（Gelman和Rubin，1992）②，所以可以进一步对参数的含义进行分析。在此，我们将模型的规模报酬情况分成了两类：一是规模报酬不变的估计情况；二是规模报酬变化的估计情况。

一、情形之一：规模报酬不变的估计

在规模报酬不变的情况下，我们估计出时变的物质资本产出弹性和劳动产出弹性：1978—2020年时变物质资本产出弹性集中在0.402—0.512，均值为0.472。但随着时间推移，资本产出弹性呈现明显的下降态势，这表明随着资本投入的不断增加，单位资本对产出的拉动作用在降低，这也是符合基本规律的。反观劳动产出弹性，由于加入了劳动力质量，广义劳动产出弹性1978—2020年集中在0.488—0.598，均值为0.528。同时进入21世纪后广义劳动产出弹性增长速度加快，呈现明显的递增态势。观测40多年物质资本产出弹性和劳动产出弹性的变动趋势，印证了袁富华（2014）③强调的两个弹性随着经济不同发展阶段呈现出不同的变化。一般随着经济向更高阶段迈进，资本的产出弹性会逐渐走低，相应的劳动产出弹性会不断升高，究其原因在于要素收入的总产出份额发生了根本性的改变。

① 张五六：《中国经济增长方式转变特征测度——基于贝叶斯时变参数状态空间模型》，《统计与信息论坛》2015年第6期。

② Gelman A., Rubin D. B., "Inference from Iterative Simulation Using Multiple Sequences", *Statistical Science*, Vol. 7, No. 4, 1992.

③ 袁富华：《增长、结构与转型：中国经济增长潜力分析Ⅱ》，社会科学文献出版社2014年版，第1—8页。

在得到资本和劳动产出弹性后，利用公式 $A_t = Y_t / K_t^{\alpha_t} (L_t h_t)^{\beta_t}$ 即可计算出历年全要素生产率水平，并可得到历年全要素生产率的增长率。

在规模报酬不变的情况下计算全要素生产率增长率（见图 3-1）可以看出，1978—2020 年中国全要素生产率增长率波动较大。其中 20 世纪 80 年代末期全要素生产率增长率有了一次明显的下滑，在 1997 年前后和 2008 年前后全要素生产率增速也有所下降，这与两次国际金融危机密切相关。同时值得注意的是进入新时代后，中国全要素生产率增速也在放慢，说明传统驱动全要素生产率提升的因素近些年贡献已经十分有限。

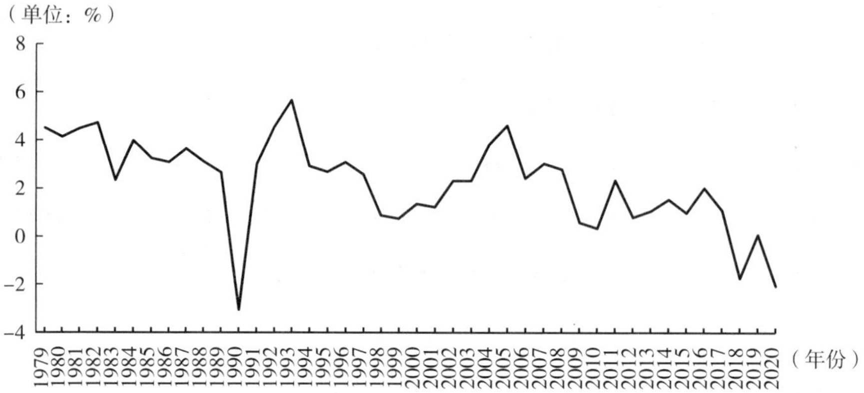

图 3-1　1979—2020 年中国规模报酬不变情况下估算的全要素生产率增长率

二、情形之二：规模报酬变化的估计

在规模报酬变化的情况下，模型估计出来的时变参数、时变规模：在没有规模报酬不变的约束下，中国物质资本产出弹性和劳动产出弹性在改革开放 40 多年里发生了剧烈的变化，其平均值分别为 0. 558 和 0. 334。同时无论是物质资本产出弹性还是劳动产出弹性，两者的变动区间更大，分别为 0. 484—0. 618 和 0. 279—0. 406。1978 年以来两个系数的演变也造成了 40 多年里规模效应呈现较大的波动，但整体表现出规模报酬递减的态势，这也进一步说明资本报酬递减规律在中国加速发生，造成同等的要素投入带来更小的收益。

与上文同样的方法，我们带入不受约束的物资资本产出弹性和劳动产出弹性，可以得到规模报酬时变化条件下历年全要素生产率，并计算其历年增速（见图3-2）。与规模报酬不变的情况相比，规模报酬变化下的全要素生产率增速波动幅度要相对较大。但三个明显负增长的时期（20世纪80年代末、1997年亚洲金融危机前后和2008年国际金融危机前后）与规模报酬不变的情况类似。在规模报酬变化的情况下测算的全要素生产率增速从2013年开始也呈现明显的下滑。鉴于此，可以看出随着中国经济宏观发展态势的改变，全要素生产率增速下滑再次说明，随着结构调整和转型，对前沿技术追赶速度放慢以及资源配置效率的改善幅度有限等问题成为全要素生产率增长的重要制约。

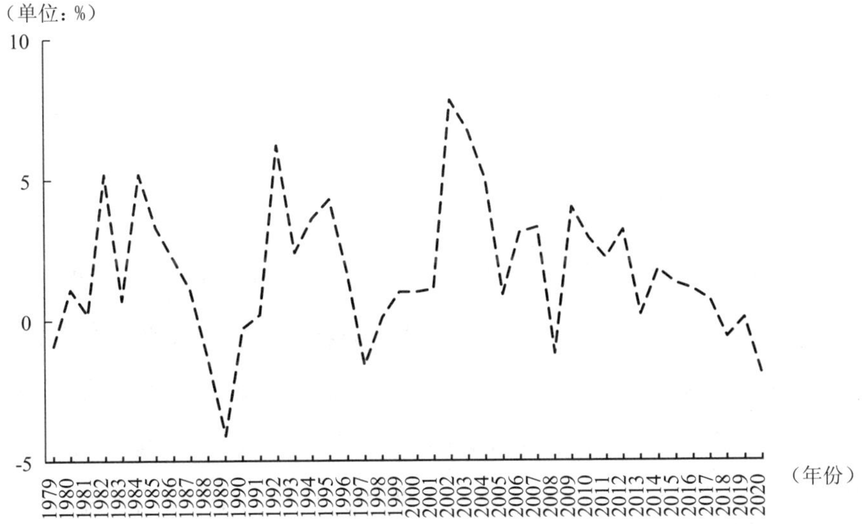

图3-2　1979—2020年中国规模报酬变化情况下的全要素生产率增长率

三、规模报酬不变和变化的估计结果比较分析

对两种情形进行比较：在规模报酬不变的情形下，两个产出弹性之间是一

个此消彼长的关系,一个弹性系数的上升必然会带来另一个时变弹性系数的下降,所以1978—2020年呈现出物质资本产出弹性下降的态势,而劳动产出弹性上升的态势;在规模报酬变化的情况下,两个弹性系数在40多年间波动剧烈,21世纪后两个弹性系数分化越来越严重,说明随着中国转变经济增长方式进程的推进,中国物质资本的产出贡献越来越有限,而劳动产出弹性上升态势加快。

第四节　1978—2020年中国经济潜在产出的测算结果

在计算潜在GDP增长率时,根据潜在GDP的定义,一般认为实际资本存量即代表资本投入的潜在投入水平,因此,我们在此只需要计算潜在的全要素生产率和潜在的就业水平:(1)潜在全要素生产率,即趋势的全要素生产率,可以用HP滤波的方法得到;(2)潜在就业水平,借鉴郭庆旺、贾俊雪(2004)①的算法,采用以下的计算公式:

$$L_t^* = Ls_t^* \times Tr_{p,t} \times (1 - NAWRU_t) \tag{3-15}$$

其中,L_t^*为潜在就业,Ls_t^*为适龄工作人口,$Tr_{p,t}$为趋势劳动参与率,$NAWRU_t$为非工资引致失业率。由于我国在劳动参与率和失业率统计上的不足,与郭庆旺、贾俊雪(2004)的计算方式一样,用就业人数和经济活动人口数计算劳动参与率,然后对劳动参与率和经济活动人口进行HP滤波处理,再将分别得到的趋势序列相乘,最终得到就业潜在水平。对劳动力质量,也采取HP滤波的方法进行处理。

将计算好的潜在全要素生产率、潜在就业水平、潜在劳动力质量和实际资本存量的数据代入总量生产函数方程,即可计算出中国1978—2020年的潜在

① 郭庆旺、贾俊雪:《中国潜在产出与产出缺口的估算》,《经济研究》2004年第5期。

产出水平和增长率水平。

一、情形之一：规模报酬不变的估算结果

在规模报酬不变的情况下，计算出1978—2020年中国潜在产出和产出缺口（见表3-1）。产出缺口为负的两个重要时期是20世纪90年代末期到21世纪初，以及2012年进入新时代，这也是与我国宏观经济的经验相吻合的。

表3-1　1978—2020年规模报酬不变情况下中国潜在产出及产出缺口估算结果

年份	实际产出（亿元）	潜在产出（亿元）	产出缺口（%）	潜在产出增长率（%）	实际产出增长率（%）
1978	3678.70	3284.80	11.99	—	—
1979	3958.28	3601.02	9.92	9.63	7.6
1980	4267.03	3938.56	8.34	9.37	7.8
1981	4484.65	4192.65	6.96	6.45	5.1
1982	4888.26	4574.16	6.87	9.10	9.0
1983	5416.20	5146.10	5.25	12.50	10.8
1984	6239.46	5851.76	6.63	13.71	15.2
1985	7075.55	6552.75	7.98	11.98	13.4
1986	7705.27	7062.51	9.10	7.78	8.9
1987	8606.79	7749.27	11.07	9.72	11.7
1988	9570.75	8386.68	14.12	8.23	11.2
1989	9972.72	8702.42	14.60	3.76	4.2
1990	10361.65	10290.12	0.70	18.24	3.9
1991	11325.29	11405.90	-0.71	10.84	9.3
1992	12933.48	12913.75	0.15	13.22	14.2
1993	14731.23	14382.69	2.42	11.38	13.9
1994	16646.29	16367.72	1.70	13.80	13.0
1995	18477.38	18272.07	1.12	11.63	11.0

续表

年份	实际产出（亿元）	潜在产出（亿元）	产出缺口（%）	潜在产出增长率(%)	实际产出增长率(%)
1996	20306.64	19873.18	2.18	8.76	9.9
1997	22174.85	21637.66	2.48	8.88	9.2
1998	23904.49	23603.64	1.27	9.09	7.8
1999	25745.14	25752.63	-0.03	9.10	7.7
2000	27933.47	28295.08	-1.28	9.87	8.5
2001	30251.95	31091.75	-2.70	9.88	8.3
2002	33004.88	34162.47	-3.39	9.88	9.1
2003	36305.37	37227.99	-2.48	8.97	10.0
2004	39972.21	39988.17	-0.04	7.41	10.1
2005	44529.04	44402.08	0.29	11.04	11.4
2006	50184.23	49821.82	0.73	12.21	12.7
2007	57310.39	56925.03	0.68	14.26	14.2
2008	62869.50	62047.80	1.32	9.00	9.7
2009	68779.23	68291.53	0.71	10.06	9.4
2010	76069.83	74547.04	2.04	9.16	10.6
2011	83372.54	80629.45	3.40	8.16	9.6
2012	89958.97	87079.05	3.31	8.00	7.9
2013	96975.77	93364.20	3.87	7.22	7.8
2014	104151.97	100695.20	3.43	7.85	7.4
2015	111442.61	108613.77	2.60	7.86	7.0
2016	119020.71	115960.68	2.64	6.76	6.8
2017	127233.14	127880.52	-0.51	10.28	6.9
2018	135757.76	137175.30	-1.03	7.27	6.7
2019	143903.22	145080.66	-0.81	5.76	6.0
2020	147069.10	143231.44	2.68	-1.27	2.2

注:产出缺口是实际产出与潜在产出的差额占潜在产出的百分比。

在此，我们根据估算出的潜在产出，绘出实际 GDP 增长率和潜在 GDP 增长率（见图 3-3），其中潜在 GDP 增长率采用 HP 滤波的方法进行了趋势处理。我们发现，中国潜在 GDP 增长率走势平稳，20 世纪 70 年代后期开始增长，持续很长时间保持平稳，但 2012 年开始呈现一定加剧下滑态势。实际 GDP 增长率围绕着潜在 GDP 增长率呈现规律性的上下波动。有关实际 GDP 增长率和潜在 GDP 增长率之间的关系，可以看出中国经济发展的四个周期：一是 1980—1984 年的实际 GDP 增长率显著高于潜在 GDP 增长率的时期，该时期在改革开放政策的刺激下，各类主体的积极性激发，造成了实际 GDP 的快速增长；二是 1985—1991 年受中国内部宏观经济的波动以及外部东欧解体、苏联剧变的冲击，实际 GDP 增长率低于潜在 GDP 增长率；三是 1992—1997 年，该阶段在确定市场起基础性配置作用的共识下，中国经济发挥了资源配置效率改善的巨大优势，充分利用了"制度红利"，促使实际 GDP 平均增速达到了 11%，高于潜在 GDP 增长率；四是 1998—2011 年，在亚洲金融危机的冲击之后，以国企改革为核心的系列性改革释放了较大的体制机制改革红利，促使进入 21 世纪的中国宏观经济增长持续向好，使进入 21 世纪头 10 年

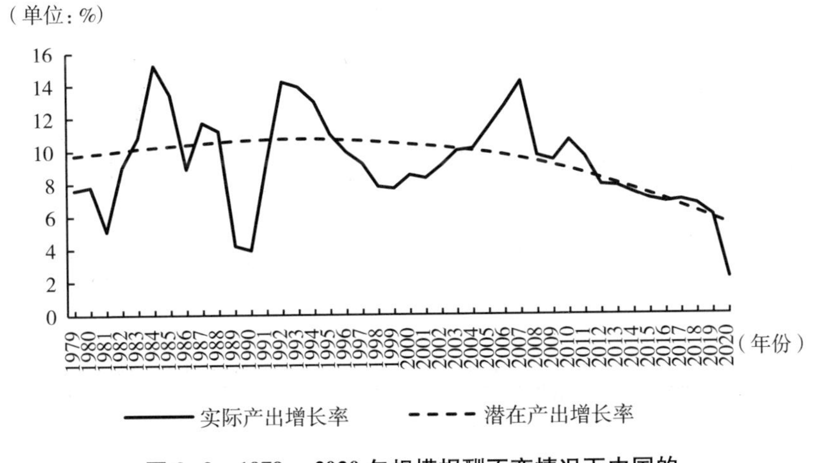

图 3-3　1979—2020 年规模报酬不变情况下中国的实际 GDP 和潜在 GDP 增长率

实际 GDP 增长率显著高于潜在 GDP 增长率;五是 2012 年至今,潜在 GDP 增长率和之前有了显著性变化,过去近 30 年中国潜在 GDP 增长率保持在 8%—9%,但 2012 年之后潜在 GDP 增长率出现了明显的下滑,具体降到了 6%—7%,同时实际 GDP 增长也十分乏力。由此可见,中国经济经历了长期高速增长之后迎来了阶段转换时期,经济减速换挡、发展方式转变、寻找经济增长新动能成为这一时期的基本特征。

二、情形之二:规模报酬变化的估算结果

与上述方面一致,由此可以估算出规模报酬变化情况下中国 1978—2020 年的潜在产出及产出缺口,结果如表 3-2 所示,其中的产出缺口率的变化与波动与上述规模报酬不变的情况十分类似。另外观察规模报酬时变情形下的潜在 GDP 增长率和实际 GDP 增长率的变动情况(见图 3-4)可以发现:(1)与规模报酬不变情况类似,从 1978 年至今中国经历的五个周期性波动特征十分明显,且与上文一致;(2)规模报酬变化的情况下,估算的中国潜在 GDP 增长率,进入新时代之前约为 9%—11%,进入新时代之后也出现明显的下滑。这与规模报酬不变情况下估计的潜在 GDP 增长率值要更大,但对于潜在 GDP 增长率变化的整体态势,两类方法是一致的。

表 3-2　1978—2020 年规模报酬变化情况下中国潜在产出及产出缺口估算结果

年份	实际产出(亿元)	潜在产出(亿元)	产出缺口(%)	潜在产出增长率(%)	实际产出增长率(%)
1978	3678.70	3343.29	10.03	—	—
1979	3958.28	3752.02	5.50	12.23	7.60
1980	4267.03	4107.77	3.88	9.48	7.80
1981	4484.65	4365.87	2.72	6.28	5.10
1982	4888.26	4630.55	5.57	6.06	9.00

续表

年份	实际产出（亿元）	潜在产出（亿元）	产出缺口（%）	潜在产出增长率(%)	实际产出增长率(%)
1983	5416. 20	5218. 42	3. 79	12. 70	10. 80
1984	6239. 46	5803. 36	7. 51	11. 21	15. 20
1985	7075. 55	6540. 96	8. 17	12. 71	13. 40
1986	7705. 27	7087. 71	8. 71	8. 36	8. 90
1987	8606. 79	7915. 73	8. 73	11. 68	11. 70
1988	9570. 75	9052. 89	5. 72	14. 37	11. 20
1989	9972. 72	9884. 34	0. 89	9. 18	4. 20
1990	10361. 65	10402. 77	-0. 40	5. 24	3. 90
1991	11325. 29	11655. 71	-2. 83	12. 04	9. 30
1992	12933. 48	12711. 33	1. 75	9. 06	14. 20
1993	14731. 23	14594. 43	0. 94	14. 81	13. 90
1994	16646. 29	16245. 01	2. 47	11. 31	13. 00
1995	18477. 38	17882. 40	3. 33	10. 08	11. 00
1996	20306. 64	19629. 96	3. 45	9. 77	9. 90
1997	22174. 85	21883. 89	1. 33	11. 48	9. 20
1998	23904. 49	24438. 95	-2. 19	11. 68	7. 80
1999	25745. 14	26366. 92	-2. 36	7. 89	7. 70
2000	27933. 47	29234. 32	-4. 45	10. 88	8. 50
2001	30251. 95	31866. 80	-5. 07	9. 00	8. 30
2002	33004. 88	33097. 65	-0. 28	3. 86	9. 10
2003	36305. 37	35513. 34	2. 23	7. 30	10. 00
2004	39972. 21	38179. 70	4. 69	7. 51	10. 10
2005	44529. 04	43388. 63	2. 63	13. 64	11. 40
2006	50184. 23	48923. 67	2. 58	12. 76	12. 70
2007	57310. 39	55122. 63	3. 97	12. 67	14. 20

续表

年份	实际产出（亿元）	潜在产出（亿元）	产出缺口（%）	潜在产出增长率(%)	实际产出增长率(%)
2008	62869.50	63008.85	−0.22	14.31	9.70
2009	68779.23	68676.03	0.15	8.99	9.40
2010	76069.83	74058.17	2.72	7.84	10.60
2011	83372.54	80697.62	3.31	8.97	9.60
2012	89958.97	86084.28	4.50	6.68	7.90
2013	96975.77	95778.57	1.25	11.26	7.80
2014	104151.97	101539.57	2.57	6.01	7.40
2015	111442.61	110801.34	0.58	9.12	7.00
2016	119020.71	118455.53	0.48	6.91	6.80
2017	127233.14	129125.63	−1.47	9.01	6.90
2018	135757.76	135676.53	0.06	5.07	6.70
2019	143903.22	143684.23	0.15	5.90	6.00
2020	147069.10	149796.20	−1.82	4.25	2.20

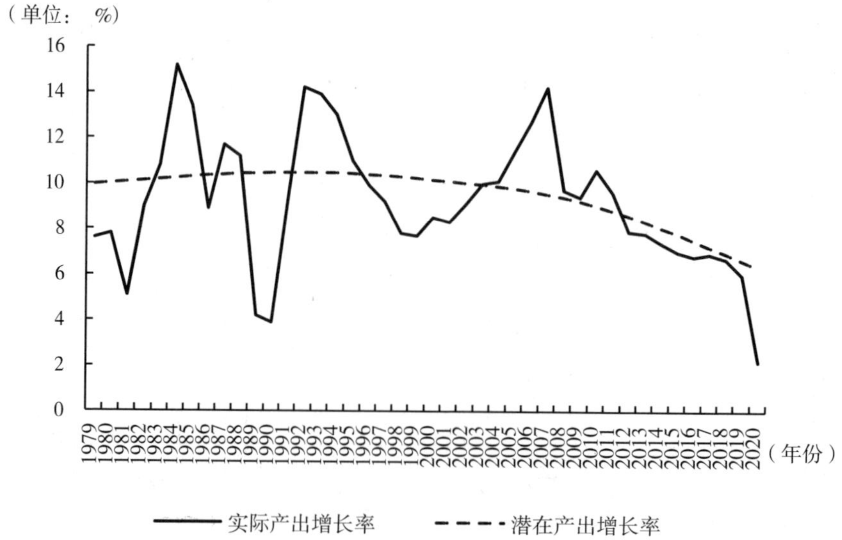

图 3-4　1979—2020 年规模报酬时变情况下中国的实际 GDP 和潜在 GDP 增长率

第五节　中国经济增长潜力的预测

一、未来中国经济增长潜力的预测分析

从上述增长的核算方程推导,我们即可得到经济增速的计算公式:

$$g_t = g_{tfpt} + \alpha_t \times g_{k_t} + \beta_t \times (g_{h_t} + g_{l_t}) \tag{3-16}$$

其中, g_{tfp_t} 、g_{k_t} 、g_{l_t} 和 g_{h_t} 分别为相应年份的全要素生产率增长率、资本存量增长率、劳动数量和劳动质量的增长率; α_t 、β_t 为相应的资本和劳动产出弹性。于是要预测未来 2021—2035 年我国经济增长潜力,就需先对上述几个变量的变动进行模拟预测。

(一) 资本投入增长率的预测

经济学基本原理说明随着时间的推移资本的边际贡献会呈现下降的态势。中国经济多年的高速增长中,高投资的贡献功不可没。但未来随着增长方式的转变以及结构调整,中国经济在进入新时代后对高投资的依赖将会有所改变。观察 1960—2020 年中国固定资本形成总额占 GDP 的比重,进入新发展阶段后该指标有了一定程度的下滑,2020 年为 41.9%,所以未来固定资本形成总额实际增速放缓是大势所趋。在此有关资本存量增速借鉴李标等(2018)①,其认为,根据世界银行的数据,美国等主要发达国家固定资本形成总额年均增速基本在 2%左右,所以他将 2049 年中国物质资本存量增速设定在 2%。在此,本书估算 2035 年物质资本存量增速应是 2050 年的两倍,即 4%,并以此倒推 2021—2035 年每一年的物质资本存量增速,2013—2020 年年均物质资本存量增速为 7%,其中以 2020 年的物质资本存量为基础,从

① 李标、齐子豪、丁任重:《改革进程中的中国潜在 GDP 增长率:估计及预测》,《当代经济科学》2018 年第 6 期。

2021 年开始倒推出未来物质资本存量增速在逐步下滑。

（二）劳动投入增长率的预测

对于中国潜在就业的估计,在此根据联合国《全球人口展望 2019》的数据,中国 20—64 岁人口在 2015 年达到顶点 9.34 亿人后,便进入长期下降的态势。而且在 2030 年之后下降速度加快,至 2050 年时仅为 7.7 亿人,比 2015 年减少 1.64 亿人。据此,我们预测中国 2020—2035 年劳动适龄人口的结果,本书设定 2020—2025 年中国劳动力规模的平均增速为-0.49%,2026—2030 年的平均增速为-0.57%,2031—2035 年将进一步下降为-0.65%。

劳动力质量是以每年平均受教育年限衡量的,根据前文计算,1978—2020 年中国平均受教育年限年均增长率为 1.3%。在此,我们参考刘伟和陈彦斌(2020)①有关人力资本的预测,认为 2030 年前仍然能保持 1.3%的增长率,2030 年之后人力资本增速略有下降,降到 1.1%。

（三）全要素生产率增长率的预测

进入新时代的中国经济,经济增长的驱动因素将发生根本性变化。技术赶超带来的新动能、各种结构变迁和升级红利以及资源配置效率改善和提升等诸多因素都会对全要素生产率造成影响。

鉴于此,根据前文测算,1978—2020 年改革开放 40 多年全要素生产率平均增速为 2.58%;2013 年进入新时代后全要素生产率增速明显下滑,近七年年均增长率为 1.96%。所以未来全要素生产率将保持年均 2%的增长率。

（四）资本和劳动产出弹性方面

在规模报酬不变的情况下,根据前文预测,随着时间的推移,资本产出弹

① 刘伟、陈彦斌:《2020—2035 年中国经济增长与基本实现社会主义现代化》,《中国人民大学学报》2020 年第 4 期。

性呈现下降的态势，而劳动产出弹性在逐年上升，2013—2020年劳动产出弹性平均为0.57。因此假设未来几年劳动产出弹性会延续这样的趋势，从2020年的0.58开始，平均每年递增0.004，持续上升到2035年的0.64，资本产出弹性趋势则刚好相反。

在规模报酬变化的情况下，由于多年资本产出弹性和劳动产出弹性波动比较剧烈，并未呈现明显的趋势，所以计算近十年（2010—2020年）的资本产出弹性和劳动产出弹性的均值，分别为0.537和0.353。同时计算改革开放40多年的资本产出弹性和劳动产出弹性作对比，两者都略有上升，但幅度非常有限，所以可以得出在规模报酬变化的假定下，中国资本和劳动的产出弹性多年是稳定的。鉴于此，以2020年资本产出弹性和劳动产出弹性分别为0.484和0.406的基础上每年递增0.0005，最终得出2021—2035年的资本和劳动的产出弹性。

根据上述假设，我们得到2021—2035年中国经济潜在增速（各类要素预测结果及变化见表3-3）。可以看出，规模报酬不变情形下估计潜在GDP增速为年均3.7%，规模报酬可变情况下估计的该数值约为4.4%。总体可以看出，两类估计方法所得的趋势是一致的，即中国未来潜在GDP的增速将出现明显下滑。

表3-3　2021—2035年中国经济增长潜力分析　（单位：%）

年份	资本存量增速	潜在劳动力增速	劳动力质量增速	全要素生产率增速	经济潜在增速	
					规模报酬不变	规模报酬变化
2021	7.0	−0.49	1.300	2.00	4.5	5.1
2022	6.8	−0.49	1.300	2.00	4.4	5.0
2023	6.6	−0.49	1.300	2.00	4.3	4.9
2024	6.4	−0.49	1.300	2.00	4.2	4.8
2025	6.1	−0.57	1.300	2.00	4.0	4.7

续表

年份	资本存量增速	潜在劳动力增速	劳动力质量增速	全要素生产率增速	经济潜在增速	
					规模报酬不变	规模报酬变化
2026	5.9	−0.57	1.300	2.00	3.9	4.6
2027	5.7	−0.57	1.300	2.00	3.8	4.5
2028	5.5	−0.57	1.300	2.00	3.7	4.4
2029	5.3	−0.57	1.300	2.00	3.6	4.3
2030	5.1	−0.57	1.100	2.00	3.5	4.2
2031	4.9	−0.65	1.100	2.00	3.4	4.1
2032	4.6	−0.65	1.100	2.00	3.3	4.0
2033	4.4	−0.65	1.100	2.00	3.2	3.9
2034	4.2	−0.65	1.100	2.00	3.1	3.8
2035	4.0	−0.65	1.100	2.00	3.0	3.7

表3-4报告了已有的文献对不同时间段中国潜在GDP增长率的预测结果。从整个预测区间来看,无论是规模报酬不变或是规模报酬变化的情况下预测的中国潜在GDP增长率是可信的。

表3-4 近年各种预测中国潜在GDP增长率的结果比较

预测结果来源	时间区间	预测增速(%)
中国经济增长前沿课题组(2012)	2021—2030年	5.4—6.3
陆旸、蔡昉(2013)	2021—2025年	5.77
	2026—2030年	5.17
汇丰银行(HSBC)(2010)	2020—2030年	5.5
	2031—2040年	4.4
	2041—2050年	1.7

续表

预测结果来源	时间区间	预测增速(%)
经济合作与发展组织(OECD,2012)	2011—2030 年	6.6
	2031—2060 年	2.3
黄志钢、刘霞辉(2014)	2019—2030 年	5.13
易信、郭春丽(2018)	2021—2025 年	6.2
	2026—2030 年	5.6
郭学能、卢盛荣(2018)	2021—2025 年	6.3
	2026—2030 年	6.0
李标、齐子豪、丁任重(2018)	2021—2025 年	6.02
	2026—2030 年	5.52
中国社会科学院宏观经济研究中心课题组(2020)	2021—2025 年(“十四五”期间)	5.5
	2027—2035 年	5.0 以下
	2035 年以后	4.2
刘伟、陈彦斌(2020)	2020—2025 年	5.12
	2026—2030 年	3.99
	2031—2035 年	2.21
李建伟(2020)	到 2025 年	5.4
	到 2035 年	3.9
普利切特和萨摩斯(Pritchett 和 Summers,2014)	2013—2023 年	5.01
	2024—2033 年	2.38

二、中国经济进入新发展阶段的典型事实和对发展趋势的基本判断

党的十九大报告指出:我国经济已由高速增长阶段转向高质量发展阶段,正处在转变发展方式、优化经济结构、转换增长动力的攻关期,建设现代化经

济体系是跨越关口的迫切要求和我国发展的战略目标。中央有关2035年远景目标建设中也强调,2021年开始的“十四五”时期是我国全面建成小康社会、实现第一个百年奋斗目标之后,乘势而上开启全面建设社会主义现代化国家新征程、向第二个百年奋斗目标进军的第一个五年。党的二十大报告强调,新时代新征程党的中心任务就是团结带领全国各族人民全面建成社会主义现代化强国、实现第二个百年奋斗目标,以中国式现代化全面推进中华民族伟大复兴。由此可知,我国已进入新发展阶段。

这个阶段的特征是:一是高速增长之后的增速“换挡”是基本趋势。据世界银行的统计,在第二次世界大战后连续保持25年高速增长的国家只有十个左右,高增长经济体是指25年或更长的时间里保持了7%以上增长率的经济体,这些经济体在高速增长之后均出现了减速的现象。所以中国经济增长速度由高速转向中高速是大势所趋,也是符合经济规律的。中国经济增速换挡是新发展阶段最基本的趋势。二是资源约束的瓶颈凸显是基本事实。在多年高速增长之后,中国资源供给的瓶颈和资源环境压力与日俱增。2012年之后中国适龄劳动人口开始出现下降,传统人口红利带来的低成本优势在逐步衰减。另外中国长期靠投资拉动的增长模式使能源、资源和生态环境的压力越来越大。资源瓶颈和环境约束凸显,传统的增长模式难以为继,客观上也使中国不得不进行“降速增质”的阶段转换。三是新发展格局的构建是基本思路。随着中国进入新发展阶段,世界格局日趋错综复杂,外部环境剧烈变化,使中国参与国际大循环的传统模式面临较大的挑战。中国参与国际循环实现增长的红利在消退,参与国际循环的价值链攀升效应在逐步丧失,价值链低端锁定的风险在加剧。可以说中国参与国际大循环的传统模式在当下面临诸多困难和挑战,构建“以国内大循环为主体、国内国际双循环相互促进”的新发展格局,是适应中国经济发展阶段性变化的主动选择、应对错综复杂的国际环境变化的战略举措以及发挥中国超大规模经济体优势的内在要求(魏婕和任保平,2021)①。所以新发展阶段最大的发展思路革新在于构建新发展格局。四是新一代信息革命兴起创新迭代加快是基本变化。以万物互联、大数据、区块链、人工智能、基因工程等数字与生物技术革命深度融合为核心的新经济革命正深刻改变、重塑着人类的生产、投资、流通、消费与生存空间等一切经济社会活动(Tapscott,1995②;尼葛洛庞帝,1997③)。在此过程中全球的技术进步呈现新态势,表现出复杂性融合与高速成长,它不再以线性方式而是以指数方式发展。新经济时代,国家间的比较优势从传统资本、工业技术、劳动力等转向数据与网络市场、数字与生物技术、人工智能与创新力等,这大大降低了新兴经济体参与新一轮全球经济竞争的门槛,把新兴经济体与老牌发达国家几乎拉到了同一"起跑线",为具有数字经济发展潜力的新兴经济体"换道超车"、追赶发达国家提供了崭新的历史机遇。所以新发展阶段"新"在新动能,通过新技术、新产业、新业态、新模式对传统产业和生产方式进行升级,有利于我们占领创新制高点、掌握主动权。

鉴于此,面对中国经济的阶段转换,未来中国经济发展趋势以及增长潜力的开发应有以下四个特征:

第一,中高速增长和高质量增长是未来新发展阶段中国经济的"双重目标"。中国经济进入发展新阶段,虽然随着劳动力成本上升,资源环境承载能力接近极限,依靠高强度投入"铺摊子"的空间越来越小,但是这些制约和瓶颈一方面会使中国经济增长降速,另一方面会迫使中国经济增长方式转型。新发展阶段下的中国经济,支撑经济发展的主要因素、经济发展的方式和模式都会发生转变:一是内需结构失衡会得到纠偏。传统投资拉动经济增长的效应日渐递减,但消费端的贡献会持续发力,因为国内需求仍较旺盛,内需将成

---

① 魏婕、任保平:《新发展阶段国内外双循环互动模式的构建策略》,《改革》2021年第6期。

② Don Tapscott, *The Digital Economy: Promise and Peril in The Age of Networked Intelligence*, New York City: McGraw-Hill, 1995, pp.1-5.

③ 尼葛洛庞帝(Nicholas Negroponte):《数字化生存》,海南出版社1997年版,第1—3页。

为引领中国经济持续增长的重要动力,传统投资消费失衡的状态也将得到纠正;另外,构建国内国际双循环互动发展模式,会形成新的增长效应。二是未来区域间分类发展、接续发力,发挥空间效应会延续中国制造的奇迹,从而助力中国区域空间分化的根本改变,助力中国经济持续增长。这些方面恰恰表征未来中国经济既需要保持经济数量方面的中高速增长,又需要追求高质量和高效益的增长模式,从而为实现"双重目标"奋斗。于是,新发展阶段下中国经济的基本特征是从高速增长向高质量阶段的跃升,这恰是中国经济由大变强的必经历程。

第二,从技术追赶到技术前沿的演变中创新释放的能量是新发展阶段中国经济的新引擎。中国作为一个发展中国家特别是技术后发国,在改革开放40多年的时间中,走出了一条独特的技术赶超之路:中国作为一个技术后发国家,立足比较优势抓住时机,从外界获取先进的技术与信息,并结合内部知识,创造出新的技术与信息,实现技术创新与扩散,同时又储备与积累了技术能力,形成了良性的技术循环累积机制,从而有效地提升了中国整体生产率水平。时至今日,中国技术赶超之路已经走过了引进、消化、吸收、模仿等阶段,正走在"技术创造"之路,也进入技术追赶的后半程。在此阶段,中国自主的创新创造将成为技术进步的核心主导方式,从而促进中国整体的技术水平从技术后发向技术前沿的演化。在此过程中,中国把握好以智能制造、大数据、云计算等为代表的新一轮产业革命,融入并领导全球创新体系,创造和释放出巨大的能量,这将是未来中国经济持续发展的新引擎。

第三,经济结构将发生的深刻变化带来的"结构红利"是新发展阶段中国经济的新动能。新发展阶段下中国经济结构将发生深刻的变化:一是产业结构方面,传统备受产能过剩、高能耗高污染困扰的产业的生存空间会越来越狭小,从传统制造业到现代制造业的转型升级是大势所趋,特别是中国推出的"中国制造2025"战略,即要以互联网、云计算、大数据、物联网、智能制造等新业态新模式改造传统产业,重塑传统产业的核心竞争力;同时战略性新兴产业将成为新的经济增长点，高端服务业将持续发力，助力产业高级化发展。二是区域结构方面，随着各区域定位的清晰、分工的有序、资源流动的合理，中国区域之间诸多问题，如地区分割、恶性竞争、重复竞争和结构不协调等将会得到有效解决。从产业结构演化方面探索区域结构的协调、有序、规范化发展，使区域间形成合理分工，以不同定位参与价值链创造，最终实现区域间差距缩小和稳定发展的格局。三是城乡结构方面，新发展阶段中国城乡关系发生了显著的变化，首先城乡收入差距持续缩小，其次城乡之间资源从单向流动转向双向互动。随着这些中国城乡格局呈现新的特点，充分发挥市场调节和政府引导双重作用，激发各类市场主体的积极性，有效促进城乡之间资源自由流动，构建适应新发展阶段的新型城乡关系的长效机制，从而促进中国经济的持续发展。由此可见，新发展阶段下上述“三重结构”转变，都会在结构调整中产生巨大的发展机遇，从而产生“结构红利”，成为未来中国经济发展的新动能。

第四，纠偏要素错配创造的配置效率提升是新发展阶段中国经济的新环境。随着中国经济由“高速”换挡到“中高速”，资源错配造成的效率损失对经济增长的约束效应越来越明显。所以纠正资源错配从而提升资源配置效率，是中国释放经济增长潜力并跨越“中等收入陷阱”的关键。2020 年 4 月发布的《中共中央、国务院关于构建更加完善的要素市场化配置体制机制的意见》第一次系统地描绘了要素市场化配置的机制。由此可见，新发展阶段完善要素市场化配置体制机制的“行动指南”已被描绘。在新发展阶段下，以供给侧结构性改革为核心，矫正政府和市场失灵，从而有效降低企业内的资源错配、行业间的资源错配以及地区间的资源错配，同时矫正资本要素的错配、劳动力要素的错配、人力资本要素的错配，以多层次、全方位的要素和资源错配纠正为主线，改善资源配置效率，提高全要素生产率，促进经济向高质量高效率转型。在纠偏资源错配过程中要注重差异化、因地制宜和重点治理，同时要探索多渠道降低资源错配的长效机制，为各类主体、各类要素发展提供公平、公正的市场环境以及企业、行业内的良性竞争环境。总之,新发展阶段下要用改革的办法矫正资源配置扭曲,减少无效和低端供给,扩大有效和中高端供给,促进要素流动和优化配置,助力配置效率改善,为新发展阶段中国经济重塑发展新的环境。

第四章　技术赶超视角下中国经济增长潜力的估算和研判

第一节　技术能力演化新视角分析中国经济增长潜力的必要性

近些年对中国经济增长潜力的研究越发增多，经济增长潜力到底有多大，没有定论，乐观的预测是到 2035 年中国经济潜在增长率仍能保持在 7%以上的中高速增长（林毅夫，2012）①。但更多研究认为中国未来增长潜力将出现下滑，应在 5%的中速区间（黄志钢和刘霞辉，2014②；姚洋，2020③；中国社会科学院宏观经济研究中心课题组，2020④）。

关于未来中国经济增长潜力，诸多研究主要集中在两个方面：一是强调释放改革红利是激发中国经济增长潜力的关键。随着改革红利边际效应递减，中国经济增长潜力呈现下降的态势。于是挖掘经济增长的潜力、提升潜在经

① 林毅夫：《展望未来 20 年中国经济发展格局》，《中国流通经济》2012 年第 6 期。

② 黄志钢、刘霞辉：《中国经济中长期增长的趋势与前景》，《经济学动态》2014 年第 8 期。

③ 姚洋：《当前形势与中国经济的结构转型》，《新金融》2020 年第 3 期。

④ 中国社会科学院宏观经济研究中心课题组：《未来 15 年中国经济增长潜力与"十四五"时期经济社会发展主要目标及指标研究》，《中国工业经济》2020 年第 4 期。

济增长率,关键是创造新一轮“改革红利”(文建东和付姗姗,2018①;易信和郭春丽,2018②)。二是强调结构调整是开发中国经济增长潜力的重要手段。在基本要素结构方面,人口老龄化加速使适龄劳动人口比重下降,未来会对中国潜在产出水平造成重大影响,所以未来需要从人口红利向改革红利转变(陆旸和蔡昉,2016)③。在更广义结构方面,张杰(2020)④则强调中国新一轮供给侧结构性改革会带来经济潜在增长率的提升。

其实未来中国经济增长潜力的提高,开发新一轮“改革红利”和促进结构调整是硬币的“一面”。而硬币的另一面,恰恰是面对资源禀赋变化与边际效应递减这一基本事实,挖掘“技术红利”,“结构调整内化于技术演化”是中国经济增长重塑动力、激发潜力的有效手段。对于依靠技术进步和自主创新促进中国经济增长潜力认知,丁明磊和陈宝明(2017)⑤强调依靠科技创新打造经济长期增长潜力。刘世锦等(2015)⑥则给出了具体的技术进步的方式和手段:由过去主要依靠技术追赶和资源跨部门流动,向更加注重原始性创新和部门内部竞争转变来提升中国经济增长率。

我们认为,上述对中国经济增长潜力的研究存在两点不足:(1)研究框架缺乏一个技术演化的视角。中国是迄今为止技术升级最快的经济体,由国内主导的技术现代化能力不断增强,企业技术能力在改革开放后技术赶超中不断跃迁,与发达国家差距日渐缩小。但时至今日传统技术学习效应日趋衰减,

① 文建东、付姗姗:《中国供给侧改革背景下的经济增长潜力研究》,《学术研究》2018 年第 10 期。

② 易信、郭春丽:《未来 30 年我国潜在增长率变化趋势及 2049 年发展水平预测》,《经济学家》2018 年第 2 期。

③ 陆旸、蔡昉:《从人口红利到改革红利:基于中国潜在增长率的模拟》,《世界经济》2016 年第 1 期。

④ 张杰:《结构性经济潜在增长率:理论重构、总体判断与改革方向》,《南京大学学报(哲学·人文科学·社会科学)》2020 年第 3 期。

⑤ 丁明磊、陈宝明:《科技创新激发中国经济增长潜力》,《中国工业评论》2017 年第 9 期

⑥ 刘世锦、刘培林、何建武:《我国未来生产率提升潜力与经济增长前景》,《管理世界》2015 年第 3 期。

同时技术差距缩小导致的技术合作与经济发展遏制日益严重,21 世纪以来一些发达国家采取了逆全球化战略,技术封锁、专利阻碍已成为常态(安同良和姜妍,2021)①。于是有必要对未来中国经济增长潜力的分析融入一个技术演化的思路,即在中国技术进步路径发生根本变化的当下,未来中国经济增长潜力有多大以及如何开发。(2)既有测算一国经济潜在增长率方法存在一些弊端:传统测算经济增长潜力多采取国际比较的外推法、消除趋势法、基于菲利普斯曲线和奥肯定律的宏观模型法、利用一般均衡的框架来模拟国民经济运行进而估算增长潜力的方法(白重恩和张琼,2017②;郭庆旺等,2004③;黄志钢和刘霞辉,2014④;Zhang 和 Murasawa,2011⑤;马文涛和魏福成,2011⑥)。这些方法一是未考虑时间维度的变化以及空间维度的国别异质性问题;二是忽视了中国转轨和发展双重特性是否适用于传统主流宏观经济学的框架。所以新近研究从多维视角综合的方法来估算和预测增长潜力,如结构向量自回归模型(Structural Vector Auto Regression,SVAR)(郭红兵和陈平,2010)⑦、状态空间模型(State Space Model)(殷德生等,2017)⑧等。

张军扩和吴振宇(2018)⑨阐述了发展水平是决定追赶型国家经济增长潜

① 安同良、姜妍:《中国特色创新经济学的基本理论问题研究》,《经济学动态》2021 年第 4 期。

② 白重恩、张琼:《中国经济增长潜力预测:兼顾跨国生产率收敛与中国劳动力特征的供给侧分析》,《经济学报》2017 年第 4 期。

③ 郭庆旺、贾俊雪:《中国潜在产出与产出缺口的估算》,《经济研究》2004 年第 5 期。

④ 黄志钢、刘霞辉:《中国经济中长期增长的趋势与前景》,《经济学动态》2014 年第 8 期。

⑤ Zhang C., Murasawa Y., "Output Gap Measurement and the New Keynesian Phillips Curve for China", *Economic Modelling*, Vol. 28, No. 6, 2011.

⑥ 马文涛、魏福成:《基于新凯恩斯动态随机一般均衡模型的季度产出缺口测度》,《管理世界》2011 年第 5 期。

⑦ 郭红兵、陈平:《基于 SVAR 模型的中国产出缺口估计及评价》,《数量经济技术经济研究》2010 年第 5 期。

⑧ 殷德生、徐徕、吴虹仪:《中国经济潜在增长率的估计、变化特征及其逻辑》,《上海经济研究》2017 年第 12 期。

⑨ 张军扩、吴振宇:《对我国经济转型期增长潜力的再认识(上)》,《中国经济时报》2018 年 4 月 18 日。

力的基础性因素,即人均 GDP 水平会影响后发国家的追赶空间和技术引进潜力,从而影响经济增速。进一步,刘培林等(2020)①强调中国经济增长潜力要考虑中国作为后发国家的优势,即后发追赶国家在技术水平追赶上发达工业化国家之前所具有的高速追赶潜力。但冯明(2020)②则认为随着中国向世界技术前沿靠近,后发优势趋于减弱。再想简单吸收学习国外技术变得越来越困难,未来的技术进步将需要更多地经由自主研发来实现。由于原创性技术研发不仅速度相对较慢而且面临更大不确定性,从而使未来潜在增长率相比以往减慢。为了辨明上述争议,本书从两个方面对面向 2035 年中国经济增长潜力问题进行扩展:一是在理论层面,构建一个后发国家技术追赶过程企业技术能力跃迁、国家创新能力增强影响中国经济增长潜力的逻辑自洽框架;二是在方法层面,在技术赶超纳入经济增长潜力估算的框架中考虑未来中国技术赶超阶段转换的典型事实,运用基于贝叶斯—吉伯斯样本生成状态空间模型的一个增长潜力新估算方法重估与预测中国经济增长潜力。本书希冀从独特的视角来回答新发展阶段中国经济增长潜力到底有多大这一问题,并提出切实有效的政策建议。

第二节　技术赶超过程影响中国经济增长潜力的机理

一、技术能力演化对中国经济增长潜力的作用机理

纵观各国的发展历程,技术进步的路径呈现出截然不同的两种轨迹。对于欠发达国家或是技术后发国家来说,技术赶超是经济发展和技术进步的关

① 刘培林、贾珅、邹静娴、申广军:《"均值回归说"低估了后发追赶国家的增长潜力》,《国际经济评论》2020 年第 1 期。

② 冯明:《中国经济中长期潜在增长率研究:进展、共识和分歧》,《财经智库》2020 年第 9 期。

键。在探索技术后发国家是否能通过实施技术赶超战略缩小与发达国家经济和技术差距时,主要基于技术差距、技术机会和技术领先地位的周期性更迭的框架(Brezis 等,1993)①。特别是发展中国家由于存在后发优势,不少学者认为后发国家或地区由于技术落后,可以利用发达国家业已建立起来的知识、技术、管理和市场经验,减少"试错"成本,实现迅速的技术赶超(Gerschenkron,1962②;林毅夫等,2005③)。日本、韩国等国家的技术追赶与飞跃均证明了"技术赶超是后发优势实现的关键"这一命题(林武等,1989④;Linsu Kim,1997⑤)。

安同良(2004)⑥提出技术追赶国家企业技术能力发展的五阶段模式——技术选择、获取、消化吸收、改进和创造,总括为技术后发国家技术进步的两阶段:技术追赶阶段和技术前沿阶段。在不同的技术进步阶段,由于企业技术能力呈现出典型的差异性,与之对应地,企业技术学习的战略应依次选择追随战略(包含技术选择、获取、消化吸收、改进)和领先战略(只有技术创造)。不同的技术进步方式恰恰也构成了后发国家增长的路径:

技术后发国家在起步阶段,由于企业技术能力与先进国家存在巨大的鸿沟,同时局限于资源、人才和各类其他要素的有限性以及效能发挥的低效,呈现低速增长的态势;技术后发国家企业通过对先进技术的选择、引进、消化吸收促进自身技术能力的改变,这种复制性模仿与创新性模仿效应会在此阶段

---

① Brezis E. S., Krugman P. R., Tsiddon D., "Leapfrogging in International Competition: A Theory of Cycles in National Technological Leadership", *American Economic Review*, Vol. 83, No. 5, 1993.

② Gerschenkron A., *Economic Backwardness in Historical Perspective*, The Belknap Press of Harvard University Press, 1962, pp.23–40.

③ 林毅夫、张鹏飞:《后发优势、技术引进和落后国家的经济增长》,《经济学(季刊)》2005年第4期。

④ 林武、张建、金海石:《技术与社会:日本技术发展的考察》,东方出版社1989年版。

⑤ Linsu Kim, *Imitation to Innovation*, Cambridge Mass: Harvard Business School Press, 1997, pp.193–221.

⑥ 安同良:《企业技术能力发展论》,人民出版社2004年版,第97—133页。

得到最大的发挥,从而带来经济的高速增长;随着技术引进以及追随战略的边际效应递减,同时由于企业技术能力与先发国家技术差距的缩小会使后发优势衰减和技术引进空间变小,此时模仿创新难以为继,先发国家对后发国家的技术升级遏制进一步加剧,经济增长会随之回落,技术后发国家呈现中速增长甚至中低速增长。此时如果还执迷于技术引进、消化和改进,会陷入"引进—追赶—落后"的"动态跟随"陷阱,从而经济增长也陷入停滞。由此可见,技术后发国家追赶先发国,会经历一个长时期的技术能力自我累积的过程,与此相对应的增长路径是:技术进步会使经济增长率呈现先低、后高、再平稳回落的趋势(傅晓霞和吴利学,2013)①。

随着技术后发国家技术水平向先发国家靠拢,过去技术进步过程中积累的技术能力会促使企业技术能力发生跃迁,技术赶超的阶段也随之发生改变,即从技术追赶向技术前沿阶段转换。该阶段需要企业通过自主创新与技术创造来实现向技术前沿的跃进,直至引领新的世界前沿技术水平。需要强调的是,后发国家由技术追赶进入技术前沿是一个技术能力从量变到质变的跃迁过程(李俊江和孟勐,2017)②。企业技术能力跃迁造成的技术赶超阶段转换,会对一国的经济增长潜力呈现两种效应:

一是与技术先发国家技术差距缩小引致的学习效应丧失。技术后发国家的后发优势表现为向技术先发国家进行技术学习,在学习过程中可以积累知识、获得技术溢出,以低于先发国家的成本实现技术创新,实现经济的快速赶超。但随着技术差距的缩小,如果后发国家只关注模仿前沿技术,模仿成本随着技术差距缩小呈现递增的态势,从而落入所谓的"模仿陷阱"(易先忠,2010)③。殆尽的后发优势、有限的技术空间和高额的模仿成本使后发国家无

① 傅晓霞、吴利学:《技术差距、创新路径与经济赶超——基于后发国家的内生技术进步模型》,《经济研究》2013年第6期。

② 李俊江、孟勐:《从技术赶超到技术前沿的后发经济增长路径研究》,《云南财经大学学报》2017年第2期。

③ 易先忠:《技术进步模式选择与后发优势悖论》,《中国商界(上半月)》2010年第3期。

法在新阶段——技术前沿阶段延续先前的技术轨迹:进行大规模技术引进、学习与再创新,这势必会对一国的经济增长潜力造成负面影响。

二是依靠自主创新扩张技术前沿面带来的新动能效应递增。与日益衰减的学习效应相对应,从技术追赶到技术前沿这一过程,长期技术能力的积累使后发经济体企业技术能力呈现出一种跃迁态势:企业具备良好的盈利能力、较强的竞争能力和自我研发创新的能力。微观企业技术能力跃迁不仅带来了后发国家自身收入水平以及大规模研发、应用创新能力的提升,还使这些国家有了与自主创新、技术创造相匹配的市场主体、经济结构和制度环境。由此可知,后发国家依靠自主创新来扩张技术前沿面,使增长动力来源于自主创新和自我创造带来的新机遇,从而能激发新一轮经济增长潜力。

由此可见,后发国家在新技术进步阶段,只有通过其自主创新形成的新动能效应超过了传统学习效应,才能引致后发国家新一轮赶超的潜力。

二、中国技术进步轨迹以及未来赶超空间的典型事实

回顾改革开放40多年的历史,作为技术后发国家,中国立足比较优势,抓住时机,从外界获取先进的技术与信息,并结合内部知识,创造出新的技术与信息,实现了技术创新与扩散,同时又积累了技术能力,形成了良性的技术循环累积机制(魏婕和安同良,2020)①。国家创新主体活力与能力持续增强,重大创新成果竞相涌现,在全球科技创新版图中的地位不断提升(李娣和任宇,2020)②。2021年,中国在"全球创新指数"(Global Innovation Index)的排名为第12位,是中等偏上收入(Upper Middle Income)国家的第一位。同时专利作为一个国家或企业创新能力的反映,2020年中国专利合作条约(Patent

① 魏婕、安同良:《面向高质量发展的中国创新驱动》,《中国科技论坛》2020年第1期。

② 李娣、任宇:《新中国70年科学技术进步与创新发展研究》,《全球化》2020年第1期。

Cooperation Teaty,PCT)国际发明专利申请数稳居世界首位。可以说中国经济高速增长有赖于技术追赶过程中诸多企业、行业在技术选择、获取、消化吸收和改进演进过程形成的“增长效应”。随着中国已成功实行了跟跑、并跑战略,进入“三跑并存、领跑并跑日益增多”的历史性新阶段(安同良等,2020)①,中国经济增长潜力依然存在:

一是中国多样化的产业、广袤的地域注定了仍存在后发国家的追赶潜力。虽然中国以高铁等“新四大发明”、航天技术、脱氧核糖核酸(Deoxyribo Nucleic Acid,DNA)测序等领跑世界,但中国真正实现自主知识产权的产业和产品仍然比较少,高科技产业“跟跑”的特征仍比较突出。我们以全要素生产率衡量技术水平,中国不到美国的1/2,中国与技术领先国家仍有较大差距。另外,中国研发支出虽然在强度方面接近发达国家水平,但在支出结构方面主要集中在试验发展以及应用研究环节,基础研究支出比例长期低于6%。远低于发达国家15%的水平,以至于中国高质量创新与发达国家相比仍有较大的追赶空间②。此外,中国地域广大,不同区域在企业技术能力方面存在异质性,技术进步的阶段呈现出不同特征,区域间渐次技术进步阶段的衔接,会形成新的增长潜力。

二是长期技术积累带来的企业能力跃迁使中国成为新技术的领先者,会形成新的增长潜力。一方面,中国企业利用后发优势沿着领先企业技术发展轨道迅速缩小了技术差距,同时一些企业适时选择跳跃式路径,迅速突破领先

---

① 安同良、魏婕、舒欣:《中国制造业企业创新测度——基于微观创新调查的跨期比较》,《中国社会科学》2020年第3期。

② 现有文献认为,“发明专利申请数量占专利申请总数量的比值”是衡量企业或行业“高质量创新”的重要指标。在此我们借助WIPO公布的长时序IP数据(Intellectual Property Statistics)中的专利申请数来进行国别比较,判定中国技术能力目前的全球方位。需要说明的是,由于2014年之后该详细分类数据缺失,我们通过对之前计算发明专利申请数量占专利申请总数量的比值发现:在20世纪80年代这种国别的差距并不明显,但进入21世纪后,中国的高质量创新约在30%—40%,而日本稳定在90%左右,德国和韩国均保持在70%左右,有明显的差距。

企业的技术壁垒，跨越技术赶超陷阱（Bessonova 和 Gonchar，2019）①。中国近些年 PCT 专利申请量陡增，一举成为世界第一，这均证明了中国先进制造企业技术能力跃迁的典型事实。可以说，后发国家企业技术资源和能力积累到一定程度时，创造式的技术能力跃迁路径会形成巨大的前沿创新驱动增长潜力。另一方面以数字与生物技术革命深度融合为核心的新经济革命正在全球范围内蓬勃发展，中国一些先进企业正在以高层次技术能力把握这次科技革命带来的技术窗口。世界知识产权组织（WIPO）发布的 2021 年数字技术专利前十位申请公司中中国占了三席，分别是华为、京东方和 OPPO。另外，中国电信科学技术研究院在数字技术专利申请方面领跑全球公共研究部门。由此可见，中国一些企业与行业站在自身技术能力跃迁的基础上，广泛融入新一轮数字技术革命，这为中国以数字经济发展来重塑新动能、扩展新增长潜力提供了空间。

第三节　中国制造业企业技术水平在全球的方位

一、创新分级测度方法的框架和思路：基于欧盟社区创新调查（Community Innovaticn Survey，CIS）框架的扩展

真正把握以中国为代表的技术后进国家企业或产业层面创新水平在全球的方位，或是微观主体创新行为与发达国家的实质性差异，就有必要对创新测度进行更为细化和深入的探讨，在此我们创造性地提出测度创新的新方法——创新分级测度，该方法是衡量技术后进国家追赶技术前沿方位的基本识别。

---

① Bessonova E.，Gonchar K.，"How the Innovation-competition Link is Shaped by Technology Distance in A High-barrier Catch-up Economy"，*Technovation*，Vol. 86-87，2019.

考虑到传统创新测度方法的弊端,本书认为,需要通过对企业进行微观创新调查以获取有关创新行为的原始数据来进行企业创新能力的刻画与识别。虽然已有的研究为本书的进一步探讨提供了非常丰富的经验,但与之前微观创新调查有差异,安同良等(2006)①基于江苏省制造业的创新调查,开始于2002年,该调查是中国最早真正与欧盟CIS(Community Innovation Survey)创新调查框架进行接轨的研究,早于国家统计局2006年的实验性调查。但当时他们的问卷对创新的分类较窄:只包含产品创新和工艺创新两类,而且时过境迁,当时的许多结论也过于久远。他们于2014年进行了接续研究,形成了统一框架的制造业企业微观创新调查的跨期研究。

在基于CIS框架的中国微观创新调查问卷设计中,从企业创新行为出发,本书认为企业创新行为是企业在一系列外在制度安排和约束下,为了提高竞争力和获得超额利润,进行新产品、新工艺、新市场、新原料来源、新组织并投入市场应用的行为集合。鉴于此,我们借鉴CIS的调查框架,并充分考虑中国企业自身的特性,同时基于中国发展中国家性质并处于持续转轨的双重特征,运用主客体相统一的整体法,对中国企业微观创新行为进行360°的全方位观察。在问卷设计上,创新性地运用创新经济学的理论,参考和综合各国微观创新调查问卷,特别是认为CIS框架中只考虑了企业产品创新、过程创新、创新行为和创新支出、信息及合作、组织创新、市场创新等是不足够的。企业创新行为既与企业内、外部因素相关,又与企业策略、决策主体特征以及资金支撑、制度环境、政府行为以及其他随机因素相关。

进一步,基于中国微观创新调查的方法,开拓性地上升到创新分级测度方法。创新分级测度方法,借鉴并扩展CIS的框架,采用的是客体法与主体法相融合的整体法,不仅考察了总体层面企业的研发投入、专利等行为,而且还关

① 安同良、施浩、Ludovico Alcorta:《中国制造业企业R&D行为模式的观测与实证——基于江苏省制造业企业问卷调查的实证分析》,《经济研究》2006年第2期。

注微观层面企业的各类重大创新，特别是对调查微观主体创新层次的结果进行扩展，构造创新分级调查的衡量标准。在问卷中设计如下问题："对于产品和工艺，一般来说贵企业的创新在以下各级别领域中可称为首创的比例（就最高级别而言）分别是：……"从对中国制造业的分级创新程度进行刻画。

在整个调查设计中，调查企业创新所处世界、国内、省内和公司的首创程度来表征企业目前技术进步的状态，即以创新的新颖度来对创新能力进行分级测度。具体构造创新分级测度的衡量指标如下：（1）若有世界级首创，就代表企业有引领世界的重大产品创新或工艺创新。若企业世界级创新比例较高则表明该企业已经进入了技术创造的阶段，在整个行业或领域处于领跑状态，即处于创新能力的最高阶段。（2）若企业在国内和省内有较高的首创比例则说明仍处在技术的消化吸收和改进阶段，此时多数进行的是复制性模仿或创新型模仿，即处于创新能力的次高阶段；若企业只是在公司内部首创比例较高说明仍是"技术拿来主义"，处于技术选择、获取的阶段，即处于创新能力的较低阶段。总体而言，企业创新国内、省内和公司首创比例较高时，说明企业仍采取跟随战略，在世界上处于"跟跑"（少数"并跑"）的层次。

相比较广泛使用研究与开发（R&D）强度和专利数，创新分级测度的意义更明确，它不是简单考虑企业研发投入的增长或是专利申请增多来表征创新程度的高低、强弱，而是通过考虑企业或行业四级首创程度的增减，来刻画企业创新的先进性以及创新行为的探索性，明确企业技术进步的真实状态。

二、基于江苏省微观创新调查数据的中国制造业企业分级创新行为的识别

基于 CIS 框架的微观创新调查的思路和方法，我们分别于 2002 年与

2014 年向江苏省制造业企业发放调查问卷。2002 年调查的企业为江苏省内制造业企业,调查数据始于 2000 年、止于 2002 年。我们得到总共 364 份问卷,其中有效问卷 354 份。2014 年在总结 2002 年第一次进行创新调查经验和不足的基础上,我们发现:基于 CIS 框架的创新调查涉及问题较多且细,问卷内容涉及 11 个部分,页数有 20 页,诸多规模较小的企业对于问卷的理解以及其创新所涉问卷内容十分有限,以全部规模企业做纯随机抽样,小企业问卷质量造成整体偏差是存在的。于是在第二次创新调查时(2014 年)重新梳理了《奥斯陆手册》(Oslo Manual)中有关 CIS 创新调查的执行,欧盟在进行此类创新调查时,它是以国别大小以及企业规模为参考进行分类执行,即小国均采取普查、大国采取抽样的方式,同时重点调查的是大企业,需要大企业全部进入样本。鉴于此,2014 年开展的第二次江苏省创新调查,适宜的方式是采取普查的形式,且必须将规模较大的企业全部纳入样本。同时为了保证调查结果的可信度,我们与江苏省上市公司协会合作,调查的主体选取江苏省制造业上市公司,原因有二:一是上市公司是制造业企业的生力军,且属于规模较大、创新活动频繁的优质企业;二是上市公司运营相对规范,企业数据比较全面可得。调查问卷内容包括创新的主体、模式、策略、R&D、知识产权保护、组织结构、投资与技术、CEO、组织创新、营销创新以及政策 11 个因素,问卷共有 55 个问题,包括 500 多个信息项。调查问卷由江苏省上市公司协会以电子邮件方式发放并收回,于 2015 年 5 月对江苏省内全部制造业上市公司发出问卷 210 份,至 2015 年 7 月共收回有效问卷 110 份。在问卷收回后,对于异常数据我们会电话询问被调查企业,并参考问卷中其他可以相互印证的部分,以剔除异常样本。问卷中行业类别按照证监会(China Securities Regulatory Commission,CSRC)行业分类标准共包括 31 个制造业部门，为便于分析数据，我们将其合并至十二类①，其中专用设备及仪器仪表制造业与化学原料和化学制品制造业占比较高，而食品、酒、饮料制造业占比较低，这与江苏省制造业的行业分布特征一致，总体而言本次调查覆盖行业较为全面。由于本次调查中所涉及公司均为上市公司，规模偏大，因此只划分为大型公司与中型公司，其中大型公司占比 66.4%、中型公司占比 33.6%。我们通过对 2014 年与 2002 年的调查数据进行比对分析，力争对中国制造业企业或行业的创新分级程度的演化变迁进行跨期比较。

不同行业由于技术机会以及对知识的内在需求不一样导致其创新来源与创新策略存在很大区别（Scherer，1967②；Cohen，2010③）。《牛津创新手册》在“创新测度”中根据研发强度将行业分成四级模式：（1）高技术行业：研发强度标准>5%；（2）中等高技术行业：研发强度标准为 3%—5%；（3）中等低技术行业：研发强度标准为 1%—3%；（4）低技术行业：研发强度标准<1%。④ 同时

① 2014 年问卷中将农副食品加工业、食品制造业、饮料制造业、烟草制造业合并为食品饮料和烟草制造业；将纺织业、纺织服装、鞋、帽制造业，皮革、毛皮、羽毛绒及其制造业合并为纺织业；将造纸及纸制品业，印刷业和记录媒介的复制、文教体育用品制造业合并为造纸、印刷和文具制造业；化学原料及化学制品制造业和化学纤维制造业合并为化工原料及制品制造业；黑色金属冶炼及压延加工业，有色金属冶炼及压延加工业和金属制品业合并为矿物加工和金属制品业；木材加工及木、藤、棕草制品业、家具制造业、非金属矿物制品业合并为其他制造业；仪器仪表及文化、办公用机械制造和电气机械及器材制造业合并为机械制造业。原有的通信设备、计算机及其他电子设备制造业，橡胶和塑料制品业，交通运输设备制造业，医药制造业、专用设备制造业和通用设备制造业不变。另外，2002 年分类中未涉及通用设备制造业和计算机、通信和其他电子设备制造业；2014 年不涉及造纸、印刷和文具制造业和石油加工、炼焦和核燃料加工业，所以 2014 年问卷样本中共涉及 12 个行业。

② Scherer，F. M.，“Market Structure and the Employment of Scientists and Engineers”，*American Economic Review*，Vol. 57，No. 3，1967.

③ Cohen W. M.，“Fifty Years of Empirical Studies of Innovative Activity and Performance”，in B. H. Hall and N.，*Handbook of the Economics of Innovation* 1，*Rosenberg eds.*，Oxford：Elsevier，2010，pp.140-209.

④ 高技术行业所辖行业为飞机航天器（12.7%）、制药（11.3%）、办公、财会和计算机设备业（10.5%）、广播、电视和通信设备业（8.2%）、医疗、光学和精密仪器（7.9%）；中等高技术行业所辖行业为电气设备（3.8%）、汽车和拖车（3.5%）、化学产品（2.6%）、铁路和交通工具（2.8%）、机械设备（1.9%）；中等低技术行业所辖行业为焦炭、炼油和核燃料（0.8%）、橡胶和塑料制品（0.9%）、其他非金属矿产品（0.9%）、船只建造和维修（0.7%）、基本金属产品（0.7%）、金属结构产品（0.6%）；低技术行业所辖行业为制造业和环保业（0.4%）、木头、纸浆、造纸、印刷和出版（0.3%）、食品、饮料和烟草（0.4%）、纺织、纺织品、皮革和制鞋（0.3%）。其中各个行业平均 R&D 强度为 OECD 国家 1997 年的平均值。

考虑中国高技术产业的分类标准①,本书依据《中国科技统计年鉴》《工业企业科技活动统计年鉴》的行业研发投入强度将中国制造业二分位的行业分成低技术行业、中等低技术行业和中等高技术及高技术行业三大类。②

计算江苏省制造业2002年与2014年各行业世界首创率的情况(见图4-1,该图形呈现前高后低的倾斜V型),了解各行业创新分级程度:无论是工艺创新还是产品创新中,都是低技术行业的世界首创率更高,中等低技术行业的世界首创率最低;与2002年相比,低技术行业的产品创新世界首创率明显提高了7.14个百分点,然而中等低技术行业却降低了4.17个百分点,更为震

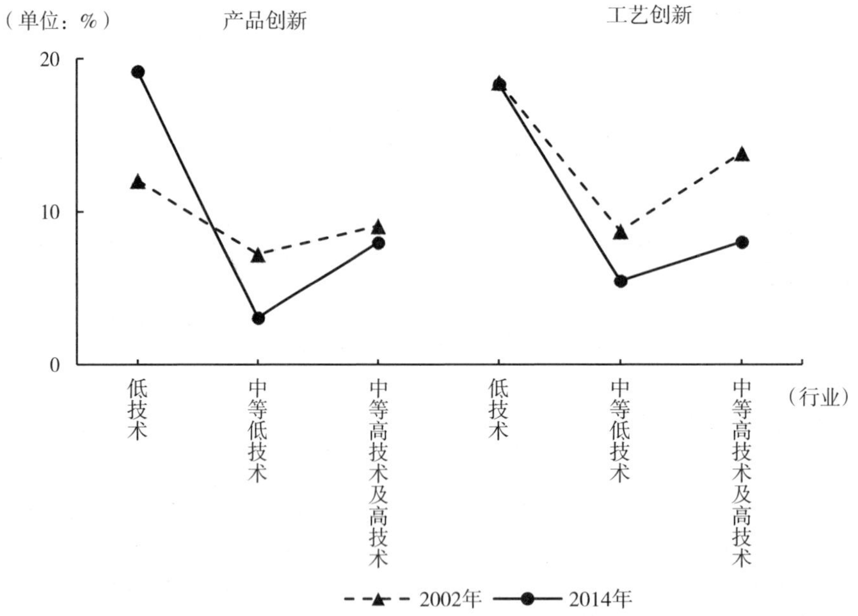

图4-1 2002年与2014年分行业世界首创情况

① 我国高技术产业主要包括医药制造业、航空、航天器及设备制造业、电子及通信设备制造业、计算机及办公设备制造业、医疗仪器设备及仪器仪表制造业、信息化学制造业。

② 由于问卷有些行业企业样本较少,为了便于分析将问卷中行业合并至十二类,并保持与2002年问卷调查一致,再将12个大行业按照全国标准分成低技术行业、中等低技术行业和中等高技术及高技术行业三大类。

惊的是工艺创新中各类行业的世界首创率相比 2002 年全部下降。因此,我们需要进一步探求该现象背后的原因,结合各细分行业的研发投入情况、创新活动阻碍情况以及创新的标志性成果等典型事实,来明晰 10 多年间中国行业创新分级状态的演化历程。

(一) 低技术行业创新分级测度

参考《牛津创新手册》的低技术行业,在中国二分位的行业中:农副食品加工业,食品制造业,饮料制造业,烟草制造业,纺织业,纺织服装、鞋、帽制造业,皮革、毛皮、羽毛绒及其制造业,木材加工及木、藤、棕草制品业,家具制造业,造纸及纸制品业,印刷业和记录媒介的复制、文教体育用品制造业共 12 个行业属于低技术行业。问卷中将农副食品加工业,食品制造业,饮料制造业,烟草制造业合并为食品饮料和烟草制造业;将纺织业,纺织服装、鞋、帽制造业,皮革、毛皮、羽毛绒及其制造业合并为纺织业;将造纸及纸制品业,印刷业和记录媒介的复制、文教体育用品制造业合并为造纸、印刷和文具制造业;木材加工及木、藤、棕草制品业和家具制造业纳入其他制造业 。

江苏省低技术行业在创新分级测度方面(见表 4-1),低技术行业世界首创率高是在三大类行业中最高的。随着人民生活水平的不断提高,消费者对"吃""穿"的要求越来越高,同时这些行业市场竞争较为充分,所以 10 多年间这些行业普遍比较注重细分市场,创新出满足不同层次需求的新产品。特别是该分类下的一些行业,诸如纺织服装业凭借经久不衰的比较优势,在世界拥有极高的知名度,领跑世界该行业的发展。

表 4-1　低技术行业研发投入以及创新分级测度情况　(单位:%)

行业	年份	研发投入强度	产品创新世界首创	工艺创新世界首创
食品饮料和烟草制造业	2002	0.93	4.29	5.77
	2014	1.14	0	0

续表

行业	年份	研发投入强度	产品创新世界首创	工艺创新世界首创
纺织业	2002	1.45	22.19	31.54
	2014	2.29	28.75	27.5
造纸、印刷和文具制造业	2002	6.99	12.02	16.70

具体来看,纺织行业的世界首创率最高,且产品世界首创率在12年间呈现上升的态势,在工艺创新中相比2002年的首创率虽有下降,但依然很高。以龙头企业罗莱家纺为例,2011年的研发投入强度仅为0.62%,但2014年研发投入强度增至3.19%。截至2018年7月已拥有专利164项,其营业收入也呈现大幅增长,带来专利与营收的良性循环。其背后主要措施在于罗莱生活在2012年引入了供应链流程的创新和信息化管理全面优化改革,随后又启动供应链一体化项目和智能家居项目,大大增加企业的运营效率。窥一斑而知全豹,这说明中国传统纺织业在面临不断变化的市场环境时积极寻求应对策略,通过聚焦高技术纺织品、纤维新材料、高端装备、智能制造等方式进行创新,从而引发生产方式和商业模式的变革,不断增强自身在世界层面的领先地位。反观食品烟草和饮料行业的世界首创率在2014年为零,这表明该行业目前无实质的前沿创新,一直在沿用过去传统的创新工艺和产品。以恒顺醋业为例,食醋行业具有成本低、进入门槛低、消费周期长等特点,在激烈竞争中该企业主要采用的是提高产量、拓宽销售渠道等占有市场的策略,而对创新方面的关注有限。

(二) 中等低技术行业创新分级测度

二分位的行业中:石油加工、炼焦及核燃料加工业,橡胶和塑料制品业,化学原料及化学制品制造业,化学纤维制造业,通用设备制造业,非金属矿物制品业,黑色金属冶炼及压延加工业,有色金属冶炼及压延加工业和金属制品业共9个行业属于中等低技术行业。根据样本企业情况，化学原料及化学制品制造业和化学纤维制造业合并为化工原料及制品制造业；黑色金属冶炼及压延加工业，有色金属冶炼及压延加工业和金属制品业合并为矿物加工和金属制品业；石油加工、炼焦及核燃料加工业，非金属矿物制品业样本较少，不予讨论；2002年样本企业未涉及通用设备制造业。

江苏省中等低技术行业不论产品世界首创率还是工艺世界首创率，2014年均比2002年有较大幅度下降，其绝对值在三类技术行业中最低（见图4-1）。只有化工原料及制品制造业的工艺世界首创率，2014年比2002年有较大幅度上升（见表4-2）。因为技术发达国家在中等低技术行业具有技术先进的锁定性，这就决定了中国在该行业只能跟跑、并跑。

表4-2　中等低技术行业研发投入以及创新分级测度情况　（单位：%）

行业	年份	研发投入强度	产品世界首创	工艺世界首创
化工原料及制品制造业	2002	5.17	10.63	11.43
	2014	1.87	5	15
矿物加工和金属制品业	2002	1.51	12.48	10.93
	2014	3.13	3.33	3.33
橡胶和塑料制品业	2002	5.21	6.54	8.75
	2014	3.59	3.75	3.75
通用设备制造业	2014	4.12	0.17	0.20

以通用设备制造业为例，它是装备制造业中的基础性产业。2014年通用设备制造业研发强度也基本达到了世界平均水平，但该行业世界首创的产品和工艺均不足1%。虽然近些年我国通用设备产业的技术进步速度相对较快，但相较于西欧、美国、日本等先进国家，在技术层面还存在明显的巨大差距。西欧、美国和日本在各子行业中市场占有率非常高，如金属加工机械行业中，美国、德国、日本三国仍是在数控机床科研、设计、制造和使用上，技术最先

进、经验最丰富的国家。在锅炉及原动机制造行业,泵、阀门、压缩机及类似机械制造行业,轴承、齿轮、传动和驱动部件制造行业等子行业中均是美国、德国、法国、日本、瑞典等国占据市场中高端位置。究其中国通用装备制造业目前的“弱势”地位,主要原因在于除个别子行业外,整个行业的集中度都较低,行业内产品差异不大,行业内纵向升级尚显不足,行业的创新资源并没有表现出向优势企业集中的特征(计算2012—2015年上市公司研发强度,发现通用设备制造业强创新投入企业比重在减少,反之弱创新投入企业比重却在上升)(袁东明等,2017)①。所以该行业在高档数控机床、关键基础零部件等基础装备及配套产品方面还处在技术追赶发达国家的阶段。

(三)中等高技术及高技术行业创新分级测度

中等高技术及高技术行业,我们认为包括:仪器仪表及文化、办公用机械制造业,医药制造业,专用设备制造业,电气机械及器材制造业,通信设备、计算机及其他电子设备制造业,交通运输设备制造业共6行业属于中等高技术及高技术行业。根据问卷样本情况,仪器仪表及文化、办公用机械制造和电气机械及器材制造业合并为机械制造业;其他行业不变。

江苏省中等高技术及高技术行业在创新分级测度方面,最大的亮点在于交通运输设备制造行业产品世界首创有了明显提升。众所周知,高铁已经成了中国制造业的一张“新名片”。几十年间中国铁路装备企业始终坚持引进消化吸收再创新,走出一条特色创新之路:中国铁路机车车辆装备制造领域一批关键核心技术实现了突破,打破了国外技术和产业垄断;形成了较为完善的轨道交通装备创新平台、产品开发平台和生产制造平台;以中国标准研制成功的动车组,成为突破动车组核心技术、掌握自主知识产权的国家战略体现。中国铁路装备制造业构建了以国家重点(工程)实验室、国家工程(技术)研究

① 袁东明、周健奇、马淑萍:《中国制造业横向升级显著纵向升级不足》,《中国中小企业》2017年第10期。

中心、国家认定企业技术中心等为主体的创新平台。① 据统计,“十二五”期间,中国中车累计授权专利 13292 件,发明专利 2075 件,另有国际专利 115 件;主导起草行业技术标准 691 项、国家标准 174 项,主持起草国际标准 56 项,实现了国际标准起草“零”的突破。②中国铁路装备制造业成功创造了属于自己的“大国重器”——高铁。

表 4-3　中等高技术及高技术行业研发投入以及创新分级测度情况

(单位:%)

行业	年份	研发投入强度	产品世界首创	工艺世界首创
医药制造业	2002	10. 15	8. 93	22. 22
	2014	5. 20	2. 50	2. 50
机械制造业	2002	2. 13	8. 40	10. 33
	2014	4. 08	2. 86	2. 50
交通运输设备制造业	2002	1. 95	0. 30	15. 00
	2014	3. 51	1. 67	2. 50
通信设备、计算机及其他电子设备制造业	2014	4. 64	19. 00	15. 83
专用设备制造业	2014	5. 50	8. 71	8. 57

其他中等高技术及高技术行业,特别是医药制造业和机械制造业的世界首创,不论是产品还是工艺,相比 10 多年前都出现了大幅度的下滑。特别需要重点分析隶属中国高技术产业分类标准的医药制造业。医药制造业,是调

① 设立了中车研究院和 10 个海外研发中心,建设完成 5 个国家重点(工程)实验室、4 个国家工程(技术)研究中心、19 个国家级企业技术中心、45 个省级研发机构或省级企业技术中心,初步搭建了支撑产品研发设计的试验验证平台和协同仿真平台,构建了 6 个产业技术创新战略联盟。同时,铁路装备系统培养和造就了一支包括 2 名工程院院士、65 名首席专家、392 名资深专家、1511 名专家等核心人才和领军人物在内的 2. 3 万名科技人才队伍,为实现技术创新提供了有力支撑。

② 资料来源:中国新闻网—中新社,http://www.chinanews.com/cj/2016/01-12/7713443.shtml。

查问卷所涉的各行业中,研发投入强度下降幅度最大的行业。中国医药制造业长期存在企业生产集中度低、企业盈利能力弱的特征,中国医药企业多数处于创新能力的复制性模仿阶段,“仿制药”是整个行业主流,2002 年医药制造业引进和消化吸收国外技术费用占比为 10.6%,2014 年这一数据也高达 7.8%,如化学原料药中 97%的品种是“仿制”产品。①

另外,高新技术产业分类标准中另一个行业——通信设备、计算机及其他电子设备制造业,虽然其产品还是工艺的世界首创率都是 2014 年所有中等高技术及高技术行业中最高的,但其研发强度与发达国家近 10%的平均值相比还有较大的差距。对于通信设备、计算机及其他电子设备制造业,国家质量监督检验检疫总局、国家统计局联合发布了《2005 年全国制造业质量竞争力指数公报》,认为通信设备、计算机及其他电子设备制造业质量竞争力在所有制造业中最高。这充分说明了中国电子通信制造业通过整体产业的创新与转型升级,形成了集研发、设计、制造、销售于一体的全产业链,并进入全球高端产业行列。众所周知电子通信制造业从低端走向高端,形成了一批以华为为代表的拥有核心技术和自主知识产权的知名企业集团。但除去华为等少数知名企业外,中国电子通信制造业“得势不得利”持续被诟病,2012 年电子通信制造业 7 成以上出口和 5 成以上进口均是以加工贸易方式实现,该行业“代工厂”的特征依然突出。同时 2018 年伊始中兴通讯被美国出口禁运的“危机事件”,再次揭示了中国通信产业核心技术缺乏的痛点。数据显示,2016 年中国进口芯片金额高达 2300 亿美元,花费几乎是排在第二名原油进口金额的两倍,可见核心技术受制于人是中国电子通信制造业最大的隐患。同时,电子通信制造业等新技术层出不穷,移动互联、可穿戴设备、云计算、人工智能等新技术与盘踞高端的欧美前辈竞争日益激烈,如何在整个行业新技术竞争中抢占先机,成为行业的标准制定者和领导者,是中国通信设备、计算机及其他电子

① 宋慧勇:《医药制造业技术创新发展态势及路径选择》,《现代商贸工业》2015 年第 12 期。

设备制造业从“中国制造”转向“中国智造”绕不开的话题。

在中等高技术及高技术行业中，12 年间产品创新和工艺创新世界首创率均出现显著的下滑，其中工艺创新下降的幅度更大，产品创新的国内首创却呈现明显提升，可见中国中等高技术及高技术行业还处在 A—U 模型中产品创新为主的阶段，这也符合高技术行业初始创生的产业特征。虽然中等高技术及高技术行业的企业与发达国家在创新能力仍有明显的差距，但是在世界范围内有个别高端产品和技术已然领跑，因此，中等高技术及高技术行业中呈现出多数行业与技术仍处于“跟跑”，但个别高端产品和技术处于“领跑”的独特格局。

通过运用扩展 CIS 框架的微观创新调查数据与构造创新分级测度指标，我们更清晰地识别出中国制造业企业与行业创新能力在世界的方位：经过 12 年的演化变迁，中国制造业创新能力实现了明显提升。低技术行业的企业创新能力已基本达到了世界先进水平，“领跑并跑”的态势日益增多；中等技术的企业创新能力还基本处于“跟跑”“并跑”水平；而在中等高技术以及高技术行业则是技术创造（如高铁）与技术追随并存，即“跟跑”“领跑”并存。整体来说，中国企业或行业目前的创新能力呈现出“传统产业领跑、中端产业跟跑并跑、高端领域跟跑为主领跑为辅”的“前高后低的倾斜 V 型”态势。①

第四节　技术差距、自主创新影响全要素生产率

基于技术赶超视角估算增长潜力，上文已论述从技术追赶到技术前沿阶段的转换会使经济增长潜力呈现两种效应：一是技术差距缩小引致的赶超红利丧失；二是依靠创新创造带来的新动能效应递增。这两方面均会对一国的

① 安同良、魏婕、舒欣：《中国制造业企业创新测度——基于微观创新调查的跨期比较》，《中国社会科学》2020 年第 3 期。

全要素生产率造成正负双向影响,在此我们采用长时序的国别数据来识别技术差距、自主创新对全要素生产率贡献的大小,从而预测中国潜在的全要素生产率(潜在 TFP),进一步估算和预测未来经济增长潜力。

一、计量模型的构建与变量选择

根据分析,本章的计量模型设定如下:

$$TFP_{it} = \alpha_0 + \alpha_1 \times gap_{it} + \alpha_2 \times gap_{it}^2 + \alpha_3 \times inno_{it} + \alpha_4 \times ins_{it} + \alpha_5 \times k_{it} + \alpha_6 \times h_{it} + \varepsilon_{it} \quad (4-1)$$

其中,下标 i 为第 i 个国家,t 为时间,*gap* 和 *inno* 为核心解释变量——技术差距和自主创新水平,其中技术差距和全要素生产率存在非线性的关系,即当技术差距小于一定范围时,全要素生产率随技术差距的增大而减小,只有当技术差距大于一定范围时,全要素生产率随技术差距增大而增加。于是我们在方程中加入技术差距的一次项和二次项。除此之外,其他影响全要素生产率的因素包括市场环境、物质资本存量和人力资本。具体变量说明如下:

TFP,指国家的技术进步率。在此运用各国以 2017 年为基期的全要素生产率来衡量。

gap,指某国与前沿技术的差距。有关一个经济体与前沿技术的差距有多种衡量方法,在此借鉴黄先海和宋学印(2017)①的方法,以劳动生产率差距来衡量技术差距,即计算同期所有国家中劳动生产率最高值与 i 国劳动生产率的比值,表示一国的技术差距。另外需要说明在此的劳动生产率,采用“劳动生产率=实际 GDP/(就业人数×平均劳动工作时间)”的方法来进行测算。

inno,指一国推动技术前沿的创新能力。拉卡萨(Lacasa 等,2019)②在分

① 黄先海、宋学印:《准前沿经济体的技术进步路径及动力转换——从“追赶导向”到“竞争导向”》,《中国社会科学》2017 年第 6 期。

② Lacasa I. D., Jindra B., Radosevic S., Shubbak M., “Paths of Technology Upgrading in the BRICS Economies”, *Research Policy*, Vol. 48, No. 1, 2019.

析金砖国家的技术追赶路径中,采用"每十亿 GDP 的专利跨国申请量"来描述推动世界技术前沿的创新能力。在此,本书借鉴这一指标的构造,运用世界知识产权组织数据库公布的专利合作协定(PCT)国际专利申请量,计算各国"每十亿 GDP 的 PCT 专利跨国申请量"来衡量一国自主创新能力。

ins,指国家市场环境。不同市场环境会使技术差距对技术进步产生不同的作用。所以在此采用 Fraser 研究所提供的世界自由度指数(Economic Freedom of the World Index,EFWI)作为代理变量测度市场环境。该指数包含五个维度指数:政府规模指数、法律体系和财产权指数、稳健货币水平指数、国际贸易自由度指数和规制水平指数。这五维度中两个维度与技术后发国家技术进步相关度更高。一是法律系统和财产权(*ipr*)指数。该维度指数涉及一国的司法独立、产权保护、法律体系的完整、合同的法律执行等,这可以直接表征技术追赶国制度、政治以及文化等方面的特征,而这些恰恰是技术追赶所需的特定环境(Freeman 和 Louca,2001)①;二是国际贸易自由度指数(*ftrade*)。一国贸易壁垒、关税、资本流动的管制等对技术后发国家的技术追赶十分重要。于是在此我们将法律系统和财产权指数(*ipr*)、国际贸易自由度指数(*ftrade*)作为 *ins* 的衡量指标。

k,指物质资本存量。物质资本存量在新古典模型中有举足轻重的作用,同样物质资本的多寡对技术进步率是有显著影响的。

h,指人力资本指数。在技术追赶的文献中,诸多研究显示要顺利实施并产生良好的绩效,与一国社会能力分不开,而社会能力中最为重要的就是一国的人力资本水平。

二、数据选取和处理

本书数据主要来源于佩恩表 10.0(The Penn World Table 10.0,PWT

① Freeman C.,Louca F.,*As Times Goes By*:*From the Industrial Revolutions to the Information Revolution*,Oxford University Press,2001,pp.66-92.

10.0)，其中 TFP 为其中公布的“以不变的国内价格计算的全要素生产率（以 2017 年为基期）”；物质资本存量（k），则为“按当时购买力计算的资本存量（以 2005 年的美国为基期）”；人力资本存量（h），则为“人力资本指数”。PCT 专利的申请量来自世界知识产权组织数据库（WIPO 数据库），该数据库公布了各国的 PCT 专利申请总量，以及国内授权的 PCT 专利量和跨国申请的 PCT 专利量。市场环境数据则来源于世界经济自由指数（Economic Freedom of the World Index，EFWI 2021）。

在此以国家名称作为识别标识对佩恩表 10.0 和世界经济自由度指数 2021 两个数据库进行匹配，进一步和世界知识产权组织数据库同样按国家名进行手动匹配。虽然世界经济自由度指数数据从 1970 年就开始公布，但由于世界经济自由度指数数据在 2000 之前是五年才公布一次，有过多的缺失样本，考虑过多缺失值会导致估计不准确，我们选择的时间段为 2000—2019 年，将之前的数据移除，最终得到 183 个经济体 2000—2019 年的平衡面板数据。于是计量模型主要变量的统计特征如表 4-4 所示。

表 4-4　主要变量的统计特征

变量	样本	均值	标准差	最小值	最大值
全要素生产率（*TFP*，以 2017 年为基期）	2360	0.980	0.160	0.260	2.210
技术差距（*gap*）	1330	0.640	0.230	0	0.990
每十亿 GDP 的 PCT 专利跨国申请量（*inno*）	1840	0.020	0.080	0	1.070
法律系统和财产权指数（*ipr*）	2822	5.330	1.610	1.700	9
国际贸易自由度指数（*ftrade*）	2565	7.150	1.350	0	9.560
物质资本积累（*k*）	2739	0.0400	0.120	0	1
人力资本积累（*h*）	2900	2.510	0.690	1.070	4.350

三、计量结果及分析

（一）基准回归及结果

利用匹配之后的面板数据进行回归，我们分别报告混合最小二乘法（POLS）、最小二乘虚拟变量法（LSDV）和固定效应模型（FE）的结果，具体如表4-5所示。从结果来看：方程（1）—方程（3），在没有固定个体效应时，技术差距的一次、二次项通过显著性检验，说明在不考虑个体异质性的情况下，初步证明技术差距与技术进步速度并非单一的线性关系。但在三个方程中自主创新的系数显著性不高。由于OLS的统计推断在考虑个体异质性后并非有效，进一步使用最小二乘虚拟变量法（LSDV），即用虚拟变量的方法来控制个体的异质性，于是方程（4）的拟合优度 R^2 明显提高，技术差距一次、二次项均通过了显著性检验，这说明控制了个体异质性，结果可信度提高，即技术差距和技术进步之间呈现明显的“U”型关系。同时在FE两个方程［方程（5）和方程（6）］中，特别对时间效应加以固定，通过双向固定模型来解决不随时间变化的遗漏变量问题，印证了最小二乘虚拟变量法（LSDV）中方程（4）结果的稳健性：在技术差距较小的情况下，技术差距一定程度的上升对技术进步的改善作用基本会消失，原因在于模仿技术先进国形成的传统技术进步方式的边际效应在递减，过度模仿反而会陷入技术的动态跟随。同时发达国家遏制追赶国技术发展进而实现技术垄断，会进一步限制向后发国家转移真正的核心技术，于是在这个层面国别之间的技术差距已经很难产生“追赶红利”。只有技术差距超过了一定的界限后，技术欠发达国家技术状态越落后，它从知识溢出中获得的溢出才越多，即本地企业与外国企业的技术差距越大，才具有追赶和学习的空间。

以“每十亿GDP的PCT专利跨国申请量”衡量的一国推动技术前沿的自主创新能力在方程（1）—方程（6）中为正，其中加入控制变量之后的三个方程

[方程(2)、方程(4)和方程(6)]均通过了1%的显著性水平,这说明了一国不断提升自身处于技术前沿面的创新能力,会加快技术进步提升的步伐。

以法律系统和财产权指数、国际贸易自由度指数表征的市场环境,系数均显著为正,这有理由相信一国市场环境越好,对微观企业的激励越充分,技术进步就越快。另外,物质资本和人力资本系数也在各个方程[除了方程(2)]中显著为正,这再次证明了技术赶超的方式和绩效都与一国的禀赋特征息息相关(生延超,2013)①,一国已有丰裕的物质资本和人力资本会对一国技术进步率产生明显的正向作用。

表 4-5　基准回归结果

变量	混合最小二乘法		最小二乘虚拟变量法		固定效应模型	
	(1)	(2)	(3)	(4)	(5)	(6)
gap	-0.331***	-0.486***	-0.331***	-0.519***	-0.390***	-0.519***
	(-8.376)	(-9.081)	(-7.846)	(-10.750)	(-21.330)	(-13.137)
gap^2	0.182***	0.161***	0.182***	0.328***	0.304***	0.371***
	(7.298)	(3.865)	(8.275)	(8.087)	(8.079)	(7.305)
inno	0.016	0.050*	0.016	0.106***	0.058*	0.106***
	(0.603)	(1.913)	(1.017)	(4.512)	(1.824)	(3.684)
ipr		-0.003		0.066***		0.066***
		(-0.922)		(7.661)		(10.597)
ftrade		0.024***		0.021***		0.021***
		(6.567)		(4.537)		(5.270)
k		0.032		0.422***		0.422***
		(1.564)		(16.471)		(11.174)

① 生延超:《要素禀赋、技术能力与后发大国技术赶超》,上海人民出版社2013年版,第153—192页。

变量	混合最小二乘法		最小二乘虚拟变量法		固定效应模型	
	(1)	(2)	(3)	(4)	(5)	(6)
h		-0.011		0.014***		0.014***
		(-1.562)		(4.849)		(3.194)
Constant	0.951***	0.821***	0.951***	0.101	0.902***	0.244***
	(279.985)	(31.929)	(238.781)	(1.165)	(104.390)	(4.626)
Id dummy	No	No	No	Yes	Yes	Yes
Year dummy	No	No	No	No	Yes	Yes
Robust	No	No	Yes	Yes	Yes	Yes
N	1081	1041	1081	1041	1081	1041
R^2	0.047	0.085	0.047	0.267	0.062	0.306
F	26.728	15.931	35.515	54.922	33.979	72.106

注：***、**、* 分别表示在1%、5%和10%的水平上显著。括号内为 t 值。

（二）稳健性检验

稳健性检验1：加入解释变量滞后项。参考已有的问题，在稳健性检验中加入解释变量——技术差距和自主创新的滞后项，将两个解释变量的滞后一期加入模型。结果显示：两个方程的拟合优度都比未加入滞后项时有了轻微的提高，说明加入解释变量的滞后一期是合适的，同时整体来看结果是稳健的。

稳健性检验2：更换技术差距和推动技术前沿的创新能力的测度变量。在此，以美国生产率平均水平代表世界前沿技术水平，世界各国与美国生产率差距也可以衡量技术差距水平。使用美国的劳动生产率与 i 国劳动生产率之比来表示一国的技术差距。同时对于推动技术前沿的创新能力用“每十亿GDP 的 PCT 专利申请总量”来进行度量，不再区分是在国内申请还是跨国申请，即用总的 PCT 量来表征一国自主创新水平。估计结果仍符合预期，这进一步印证了上述结论是稳健的,即技术差距缩小和依靠创新创造对技术进步增速双向效应的存在。

稳健性检验3:动态面板模型的广义矩估计(Generalized Method of Moments,GMM)。以上述静态面板模型来识别各国技术进步率的影响因素,即使加入了主要经济变量并控制了个体效应,但仍存在遗漏变量的问题,对此一种处理方式即在解释变量中,加入被解释变量“各国TFP”的滞后项,将静态面板模型拓展为动态模型。在此我们采用系统广义矩估计(SYS—GMM)来进行估计。其中二阶自相关检验结果均大于0.05,说明不存在二阶自相关;用于过度识别检验的萨甘统计量(Sargan 统计量)显示,广义矩估计模型不存在“弱工具变量”,则广义矩估计结果是可靠的。

稳健性检验4:更换样本重新估计。根据世界银行不同收入国家的分类,在此只保留上中等收入国家和高收入国家的样本重新估计,结果依然稳健。

第五节　技术赶超情形下中国经济增长潜力的估算

在此基础上,考虑技术追赶状态下中国未来的经济增长潜力。在企业能力跃迁带来的技术赶超情形下,上述基准模型将要改写为:

$$Y_t = (A_t e^{\zeta_t}) K_t^{\alpha_t} (L_t h_t)^{\beta_t} e^{u_t} \tag{4-2}$$

因为在此考虑技术赶超情形,会存在对全要素生产率的改善效应 e^{ζ},进一步将式(3-16)计算经济增速的公式改写成:

$$g_t = g_{tfpt} + \zeta + \alpha_t \times g_{k_t} + \beta_t \times (g_{h_t} + g_{l_t}) \tag{4-3}$$

其中,除了 g_{tfp_t}、g_{k_t}、g_{l_t} 和 g_{h_t} 为相应年份的全要素生产率增长率、资本存量增长率、劳动数量和劳动质量的增长率外,还有由于技术赶超 ζ 带来的经济增速的改善。对于 ζ 的大小,在此采用上述运用国别数据估计的技术差距和自主创新对全要素生产率的影响结果,即预测基准回归中控制了其他变量双

向固定效应的平均 $\overline{TFP}$，其中历年平均 $\overline{TFP}$ 的改善均值为 0.03%—0.06%。

于是综合考虑“赶超红利”趋势和企业能力跃迁带来的推动前沿技术的技术进步，我们以 2013—2020 年全要素生产率年均 2%为基准，原因在于美国自 20 世纪 80 年代中期以来技术进步的长期均值在 1%左右，中国未来依然存在发展和转型的“双重红利”。进一步可以对技术进步的前景设定三种情形：(1)乐观情形：中国未来实现技术进步，自主创新提高的技术进步率会大于由于技术差距缩小所造成的技术进步率放缓效应，年均全要素生产率增长率以上文估计的上限加速增长，即在全要素生产率 2%的基准增速上增加 0.06%；(2)正常情形：中国技术进步保持稳定，年均全要素生产率增长率以上文估计的下限加速增长，即在 2%的基准增速上增加 0.03%；(3)基准情形：中国技术“追赶红利”消失，后续自主创新形成的技术进步效应有限，于是全要素生产率以年均 2%不变增速增长。根据上述假设，我们得到 2021—2035 年中国经济潜在增速(各类要素预测结果及变化见表 4-6)。

表 4-6　面向 2035 年中国经济增长潜力预测：技术赶超情形下　(单位：%)

年份	全要素生产率增速			面向 2035 年经济潜在增速		
	基准情形	正常情形	乐观情形	基准情形	正常情形	乐观情形
2021	2.00	2.03	2.06	5.4	5.4	5.4
2022	2.00	2.06	2.12	5.3	5.3	5.4
2023	2.00	2.09	2.18	5.2	5.3	5.3
2024	2.00	2.12	2.24	5.1	5.2	5.3
2025	2.00	2.15	2.3	4.9	5.0	5.2
2026	2.00	2.18	2.36	4.8	5.0	5.1
2027	2.00	2.21	2.42	4.7	4.9	5.1
2028	2.00	2.24	2.48	4.6	4.8	5.1
2029	2.00	2.27	2.54	4.5	4.8	5.0
2030	2.00	2.3	2.6	4.3	4.6	4.9

续表

年份	全要素生产率增速			面向 2035 年经济潜在增速		
	基准情形	正常情形	乐观情形	基准情形	正常情形	乐观情形
2031	2.00	2.33	2.66	4.1	4.4	4.8
2032	2.00	2.36	2.72	4.0	4.4	4.7
2033	2.00	2.39	2.78	3.9	4.3	4.7
2034	2.00	2.42	2.84	3.8	4.2	4.7
2035	2.00	2.45	2.9	3.7	4.2	4.6

通过表 4-6 可以看出:若是中国未来技术赶超空间十分有限,资本、劳动等增速持续下滑,增长潜力将出现明显的下滑,到 2030 年之后将下滑到 4%以下。但实际正如上文分析,中国面向 2035 年的增长不应是悲观情景的路径,更可能的路径是乐观情景。长期技术积累带来的企业能力跃迁,使中国成为新技术的领先者,这会有效冲抵“赶超红利”衰减的不利影响。所以该情形下会在 2030 年前维持住经济增长 5%的中速增长,到 2035 年维持着 4.5%的增长速度。以乐观情形计算的 2035 年实际 GDP 是 2020 年实际 GDP 的 2.08 倍,基本可以实现 GDP 水平翻一番的增长目标,满足基本实现社会主义现代化的要求(刘伟和陈彦斌,2020)①。

站在改革开放 40 多年的时点上回望中国过去技术进步的历程,中国作为技术后发国家走了一条典型的技术赶超之路。在这一过程中,由于与前沿技术国之间巨大的技术差距,通过技术选择、引进、吸收和改造获得充分的“赶超红利”,成为中国经济增长奇迹的主要动因。同时我们从中国的行业数据出发,以及通过国家之间的横向对比,发现中国现阶段虽然在许多领域技术取得了长足的进步,但创新创造能力与技术领先国之间依然有差距,特别是高质

① 刘伟、陈彦斌:《2020—2035 年中国经济增长与基本实现社会主义现代化》,《中国人民大学学报》2020 年第 4 期。

量创造式创新依然有限。进一步采用国别数据进行计量再次印证:技术差距越大,对技术进步率的提升越快,反之亦然。所以新发展阶段下的中国进入技术追赶的后半程,殆尽的后发优势和有限的技术空间使后发国家需要依靠自主创新来扩张技术前沿面,从而实现新一轮经济增长潜力的开发。

综上,未来以自主创新为核心来践行技术追赶,谋求经济增长潜力,关键在于:

第一,强化企业创新主体地位,以企业技术能力提升来放飞高质量创新的翅膀。实施以自主创新为核心的技术赶超最为关键的环节是培育企业技术能力,一是多措并举强化企业作为新技术采用的主体、新技术研发的主体、新技术孵化的主体和新技术投资的主体的"四位一体"的主体地位。只有一个国家(社会)、一片区域的企业本体的成长和强大,才能突出企业的创新功能,以企业为"杠杆"撬动产业、区域乃至国家的创新能力的提升。二是激发企业创新抱负,助力企业深耕主业。中国很多企业存在创新目标模糊、抱负不足的总是,从而存在"创新惰性"的现象(万道侠等,2018)①。或是企业的创新定位短期,目的不是为了谋求长期技术进步和产品升级,而是追求创新"数量"和"速度"来释放创新信号,从而在短期"展示自身创新能力构建和提高",以期更多地迎合政府创新战略、投资者喜好和市场青睐,从而造成实质性高质量创新十分有限。鉴于此,要引领中国的企业精耕主业,打破其创新定位的短视性,帮助企业构建以自主创新为核心的技术能力升级体系、大幅提升中国高质量创新。三是努力打造创新型企业的多维立体的层级体系。国家"十三五"规划纲要强调"深入实施创新企业百强工程,形成一批有国际竞争力的创新型领军企业,支持科技型中小企业发展……",其核心要义是要区别对待,有所侧重地构建创新型企业的层级体系。一方面"发挥大企业引领支撑作用,支持创新型中小微企业成长为创新重要发源地,推动产业链上中下游、大中小

① 万道侠、胡彬:《产业集聚、金融发展与企业的"惰性创新"》,《产业经济研究》2018年第1期。

企业融通创新”。切实解决中小微企业创新中面临资金、人才、技术上的困难与制约,破解其创新发展的困境,助力其成长空间延伸。总之中国创新型企业层次体系的打造,不仅需要培养“顶天立地”的大企业,还要扶持“铺天盖地”的中小企业,形成立体的多层次协同模式。四是进一步推进企业所有制改革,为国企注入创新活力。霍尔和勒纳(Hall 和 Lerner,2010)①、布朗等(Brown 等,2012)②等强调融资约束对企业研发投入和自主创新存在抑制作用,同时吴延兵(2012)③④强调中国国有企业存在双重效率——生产效率和创新效率的损失。鉴于此,基于中国企业的所有制特征,在构建企业创新主体方面要进一步推进企业所有制改革,盘活国有资本,探索所有制改革多种形式,通过股权重新配置使企业兼具资源优势和创新精神,为国企注入创新活力和动力,从而形成“国企—民企”双擎牵引的创新新局面。

第二,以顶层设计的视角构建适应性组织和制度环境,助力以自主创新为核心的技术赶超的实现。一是通过合理的制度安排促进科技与金融深度融合,打造金融助力创新的升级版。以资本市场为纽带,推动社会资本和风险投资更好地进入创新领域。鼓励商业银行投资创新活动的积极性,探索投贷联动模式和创新信贷产品以及业务流程再造等方式拓展商业银行功能,增强商业银行对创新活动的支持;发挥风险投资作为创新活动中最活跃的投资主体的积极性,鼓励多元化主体参与风险投资,特别是在新时期深化互联网金融服务对风险投资的补充,多种方式降低企业在创新方面的融资约束。深化多层次资本市场改革,发挥资本市场在资源配置上的高效率,支持更多的科技企业特别是“独角兽”企业挂牌上市,有效满足企业深度发展的需要。总体上要以

① Hall B. H., Lerner J., The Financing of R&D and Innovation, In Hall B.H. and Rosenberg N., eds, *Handbook of the Economics of Innovation*, Oxford: Elsevier, 2010, pp.620-646.

② Brown J.R., Martinsson G,, Peterson B.C., “Do Financing Constraints Matter for R&D?”, *European Economic Review*, Vol. 56, No. 8, 2012.

③ 吴延兵:《国有企业双重效率损失研究》,《经济研究》2012 年第 3 期。

④ 吴延兵:《中国哪种所有制类型企业最具创新性?》,《世界经济》2012 年第 6 期。

深化科技和金融的融合，发挥资本市场服务创新产生的新技术、新模式、新业态和新组织的功能，拓展金融服务的广度和深度，营造助力创新腾飞的适应性金融环境。二是明确政府定位，发挥“特惠式”助推政策和良好的社会环境对创新的激励作用。政府助力创新的“有为”扶助之手表现在：在产业政策方面，加大财政对研发的投入和补贴，以倾斜式产业结构政策来支持重点产业升级换代，甄别并剔除发送虚假“创新类型”信号以获取政府研发补贴的企业，对真正的“创造”型企业进行扶助和补贴，做好产业发展引导。在金融政策方面，发挥政府引导投入职能，畅通企业融资渠道。通过发展产业引导基金来拓宽企业融资渠道；同时设立政府背景的融资性担保公司或者风险补偿基金，降低资金投入创新活动的风险，引导民间资本投入具有创新活力的企业。在财税政策方面，探索多种形式的创新研发税收优惠方式，运用研发费用的税收优惠、专利转让税收优惠、风险投资的税收优惠和针对小企业的创新税收优惠等各类政策激励企业创新。在创新支撑体系建设方面，坚定不移实施知识产权战略、严格知识产权保护制度，推动新技术、新知识的扩散和应用，实现知识产权价值最大化；制定和完善法律、法规和政策使科技创新服务体系有所突破，明确经费支持的产学研紧密合作实体的方案以及支持专业化、国际化的技术转移以及服务机构，逐步形成市场化、专业化、社会化的技术创新服务体系；利用开放型经济的优势，通过开放式创新平台建设，吸引全球创新要素聚集。同时多方合力鼓励和帮助骨干企业“走出去”，扩大对外科技和创新合作“朋友圈”，重点支持优势企业融入全球创新网络。三是营造全社会崇尚创新、知识共享的创新文化环境。文化作为一种非正式制度安排，根植于每一个人的价值理念和行为规范中。需要对中国传统文化进行解构和扬弃，充分发挥有利于创新的文化精髓。同时要全社会认识到，一个民族的科技、经济、社会与文化，绝不可能在“复制和粘贴”中走得更远，更无法成为世界相应领域的引领者、佼佼者。要培养理性科学精神和创新冒险意识，逐步形成“诚信为本”的职业道德和社会责任，逐步形成对“试错精神”宽容以待的全民共识，逐步形成鼓励创造、追求卓越的创新文化意识,以全社会文化环境营造和创新精神激发来为创新驱动发展铺路。

第三,加强新一代数字通用技术关键共性技术突破,助力企业拥抱新技术革命从而形成发展新动力。互联网、大数据、区块链、人工智能等新一代数字通用技术,不仅会对企业创新产生加速效应,而且还会为技术后国家带来"弯道超车"的新机遇。所以面向 2035 年贯彻"创新是引领发展的第一动力"这一发展理念,关键在于科学部署和有效实施围绕数字通用技术的创新突破工程。在数字关键共性技术供给方面,依然需要依托我国关键核心技术攻关新型举国体制,把集中力量办大事的制度优势、超大规模的市场优势相结合,来加强关键技术一体化研发和群体性突破(安同良和姜妍,2021)①。具体来说,需要统筹协调,加强顶层设计,制定数字关键共性技术突破的创新体系总体战略和规划,形成明确的目标、制定清晰的实施步骤以及促进强有力的研发联合体和供给框架的组建。完善关键共性技术供给的企业参与机制、协同攻关机制、政府支持机制、成果扩散机制以及配套保障机制等多维机制。搞活关键共性技术研发人员的激励机制,强化科研人才管理的灵活性、可变通性,扩大专业化数字人才供给,筑牢数字通用技术发展人才根基。更为重要的是国家对颠覆性数字关键技术要有预判、预警和预置,前瞻布局,以此保证在数字经济时代竞争中把握主动权和拥有竞争力。除此之外,要多措并举地破解生产制造企业面对数字技术"不会转""不敢转""不能转"的困境,实施重点领域和行业的数字化转型提升工程以及营造数字化转型支撑服务生态,把握数字经济时代新技术机会,形成发展新动力。

① 安同良、姜妍:《中国特色创新经济学的基本理论问题研究》,《经济学动态》2021 年第 4 期。

第五章　结构优化视角下中国经济增长潜力的估算和研判

第一节　结构转化与“结构性减速”

一、“结构性减速”的内涵与渊源

纵观世界各国经济增长的漫长历史，历经多年高速增长的经济体都会出现经济增速下滑的典型事实。特别是日本、韩国和新加坡等东亚经济体，无一不是经历了20—30年经济高速增长后走向减速的终点（韦森，2015）①。诸多学者将这种经济增速下滑的原因归结为产业结构自然演进的结果，即“结构性减速”。该观点认为：随着工业化的深入与城市化的推进，产业结构自发地演进，特别是产业结构的服务业化会使整体生产率增长放缓，原因在于服务业的生产率增长要显著低于工业，所以这种结构的演进引致全社会经济增速的下滑。

在此。我们假设三次产业的劳动生产率为$\frac{gdp_i}{em_i}$，$i = 1,2,3$，则全社会的劳

① 韦森：《从世界历史的大背景看未来中国经济的增长前景》，《经济资料译丛》2015年第1期。

动生产率为:

$$\frac{gdp}{em} = \sum_{i=1}^{3}\left(\frac{gdp_i}{em_i} \times \frac{em_i}{em}\right) \tag{5-1}$$

其中, $\frac{em_i}{em}(i = 1,2,3)$ 表示第一、二、三产业的就业份额。进一步选择一个基期(如 1950 年)的产业就业份额作为之后其他所有时期的产业就业份额;同时选择一个基期的产业增加值, $\frac{gdp_i}{gdp}(i = 1,2,3)$ 表示产业增加值的份额,所以可得三次产业各个时期不变的就业份额和各期的增加值份额:

$$\alpha_1 = \left(\frac{em_1}{em}\right)_t, \alpha_2 = \left(\frac{em_2}{em}\right)_t, \alpha_3 = \left(\frac{em_3}{em}\right)_t \tag{5-2}$$

$$\beta_1 = \left(\frac{gdp_1}{gdp}\right)_t, \beta_2 = \left(\frac{gdp_2}{gdp}\right)_t, \beta_3 = \left(\frac{gdp_3}{gdp}\right)_t \tag{5-3}$$

从式(5-2)和式(5-3)可知,通过推导可得:

$$\frac{\left(\frac{gdp}{em}\right)_{t+1}}{\left(\frac{gdp}{em}\right)_t} - 1 = \left[\frac{\left(\frac{gdp_1}{em_1}\right)_{t+1}}{\left(\frac{gdp_1}{em_1}\right)_t} - 1\right] \times \beta_1 + \left[\frac{\left(\frac{gdp_2}{em_2}\right)_{t+1}}{\left(\frac{gdp_2}{em_2}\right)_t} - 1\right] \times \beta_2 + \left[\frac{\left(\frac{gdp_3}{em_3}\right)_{t+1}}{\left(\frac{gdp_3}{em_3}\right)_t} - 1\right] \times \beta_3 \tag{5-4}$$

可简写为: $g = g_1 \times \beta_1 + g_2 \times \beta_2 + g_3 \times \beta_3$,即全社会劳动生产率变动为三次产业劳动生产率变动的加权平均,权重则为产业增加值份额 β_1、β_2、β_3 。

由上可知,随着产业结构的演进,第二产业所占份额会日趋降低,第三产业份额会随之提高,但同时第三产业的劳动生产率增长率要慢于第二产业,所以会造成全社会劳动生产率的逐步降低,进一步对经济增长产生负面的影响。

在上述基础上，袁富华(2014)①构造了一个全社会劳动生产率增长率变动的“结构效应”，并考察了1950年以来主要发达国家劳动生产率减速的结构效应，如表5-1所示。除了个别时期，主要发达国家从20世纪70年代开始均表现出较大的负值，即结构性减速的特征十分明显。

表5-1　主要发达国家劳动生产率减速的结构效应　　(单位:%)

年份	1970—1975	1975—1980	1980—1985	1985—1990	1990—1995	1995—2000	2000—2005	2005—2008
法国	0	-23	-29	-32	-63	-63	-47	-55
意大利	—	-39	-73	-39	-54	-77	-187	-172
荷兰	-35	-41	-29	—	-61	0	34	-54
西班牙	-35	-24	-14	-93	-71	-135	-3	-72
瑞典	-19	-84	-49	-34	-23	-33	-38	-281
英国	-44	-26	-29	0	-36	0	-22	172
加拿大	0	0	-6	-53	25	-12	-24	-25
美国	-39	—	-37	-20	-18	-11	-42	-2
日本	-23	27	-21	-1	92	-43	-9	-43

资料来源:袁富华(2014)《增长、结构与转型:中国经济增长潜力分析Ⅱ》(社会科学文献出版社)一书。其中笔者利用米切尔Mitchell(1998)和联合国统计数据库测算而来。

追根溯源，各国在发展中为什么会出现“结构性减速”？对于这一问题的回答，要追溯到服务业成本病理论。鲍莫尔和博文(Baumol和Bowen，1965)②最早提出了服务业成本病的概念，即服务业由于技术进步慢于制造业，所以服务业生产率的增速较慢会成为经济增长的“拖累”。富克斯(Fuchs，1968)③也

① 袁富华:《增长、结构与转型:中国经济增长潜力分析Ⅱ》，社会科学文献出版社2014年版，第30—31页。

② Baumol W. J.，Bowen W. G.，“On the Performing Arts: The Anatomy of Their Economic Problems”，*American Economic Review*，Vol. 55，No. 2，1965.

③ Fuchs V. R.，*The Service Economy*，New York: Columbia University Press，1968.

提出了类似的观点,因此,一般又称服务业成本病为“鲍莫尔—富克斯假说”(Baumol-Fuchs Hypothesis)。正是因为服务业具有成本病,所以一国产业结构服务化会导致经济增速下滑。

二、中国是否存在“结构性减速”

要考察中国是否存在“结构性减速”,首先需要对中国产业结构转变的特征进行描述。绘出按现价衡量的中国三次产业增加值占比的变化,如图5-1所示,可以发现在2012年第三产业增加值的占比已经超过了第二产业。在就业方面,第三产业早在20世纪90年代中期占就业人数的比重超过了第二产业(这与第三产业对就业吸纳有关)。进一步考察三次产业对国内生产总值的贡献,可以发现:2014年第三产业对经济的拉动也超过了第二产业。

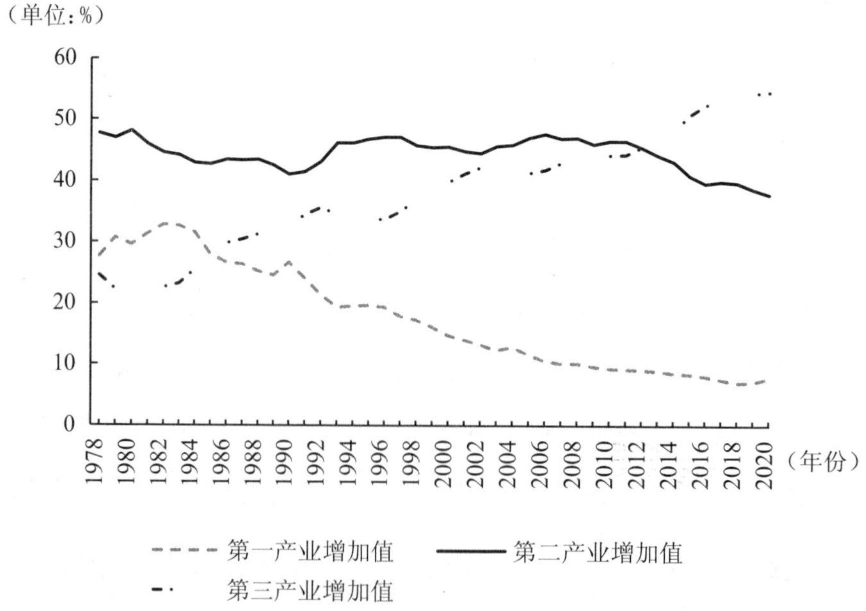

图5-1 1978—2020年中国三次产业结构增加值占比的变动

以此为依据，袁富华（2012）①认为，中国当前正经历类似的产业结构服务化进程，劳动力从生产率增长较快的工业部门流向生产率增长较慢的服务业部门，从而引致经济增长下滑，出现“结构性减速”。同时随着产业结构进一步演化，服务化的趋势不会停止，更不会逆转，所以经济增速下滑就成为自然。后续在袁富华（2012）的基础上，诸多文献采用分地区考察中国是否存在“结构性减速”：吕健（2012）②对全国整体以及东部、中部、西部考察，发现东部地区已经步入“结构性减速”阶段，但西部地区仍处于“结构性加速”阶段，中部地区则“加速”与“减速”并存；全国整体仍处于“结构性加速”的阶段。中国经济增长前沿课题组（2012）③则强调，产业结构服务化已经带来明显的经济减速，因为这一问题使东部地区出现经济效率提升乏力的现象，特别是北京、上海等经济发达城市尤为明显。这些文献从区域层面的角度丰富了袁富华（2012）的结论，同时还从方法层面印证中国经济结构性减速时代真正来临，如韩永辉等（2016）④利用非参数面板模型均值估计和逐点估计方法，证明中国正面临从“结构性加速”向“结构性减速”转变的现状。

同时，针对这种结构向上（产业结构的服务化）与总量向下（经济增速放缓）之间因果关系的质疑也从未停止。杨天宇和曹志楠（2015）⑤核算了三次产业生产率以及劳动配置，强调三次产业全要素生产率普遍下降才是经济放缓的原因，认为中国进入“结构性减速”阶段是缺乏证据的。张月友等

① 袁富华：《长期增长过程的“结构性加速”与“结构性减速”：一种解释》，《经济研究》2012 年第 3 期。

② 吕健：《产业结构调整、结构性减速与经济增长分化》，《中国工业经济》2012 年第 9 期。

③ 中国经济增长前沿课题组：《中国经济长期增长路径、效率与潜在增长水平》，《经济研究》2012 年第 11 期。

④ 韩永辉、黄亮雄、邹建华：《中国经济结构性减速时代的来临》，《统计研究》2016 年第 5 期。

⑤ 杨天宇、曹志楠：《中国经济增长速度放缓的原因是“结构性减速”吗?》，《中国人民大学学报》2015 年第 4 期。

(2017)①则强调,不能仅看现值的三次产业占比,当以不变视角来衡量中国产业结构,发现目前并未进入经济服务化阶段,所以“结构性减速”的条件是不具备的。金刚和沈坤荣(2017)②则从文献评述的视角出发,认为可以从中观和微观层面质疑结构性减速的提法:一是中观视角下服务业产出会被低估,同时服务业内涵不断在变化,单纯用劳动生产率的指标来衡量服务业生产率偏单一;二是微观视角下劳动生产率要考虑异质性问题。据此,结构性减速来解释中国目前经济下滑现象缺乏自洽的逻辑、观点缺乏可靠的证据。

综上,中国是否存在“结构性减速”至今仍莫衷一是。但不可否认的是经过多年的高速增长,中国产业结构在进行加速转型,产业服务业化成为大势所趋。但产业结构的演变不是非此即彼的线性逻辑,产业之间的协同和融合会形成新的发展趋势,所以未来中国经济增长潜力关键在于产业之间的渗透和融合。进一步,我们从结构优化视角来测度未来中国经济增长潜力更多强调产业间的协同,即考虑生产性服务业与制造业的协同对经济增长潜力的提升逻辑和幅度大小。

第二节 生产性服务业与制造业协同对中国经济增长潜力的影响

产业间的协调发展是指整个系统中各子系统或要素间形成有序协调统一的状态。生产性服务业和制造业作为经济系统两个子系统,二者之间存在唇齿相依、互动融合的关系。

首先,生产性服务业与制造业之间相互支撑。一方面,制造业竞争力的增

① 张月友、董启昌、倪敏:《中国经济进入“结构性减速”阶段了吗》,《经济学家》2017 年第 5 期。

② 金刚、沈坤荣:《结构性减速真的存在吗:一个文献评述》,《经济资料译丛》2017 年第 2 期。

强和生产率提高有赖于先进的生产性服务业的支撑，因为先进的生产性服务业可以为制造业提供优质、高效、标准化、专业化的服务，促使制造业厂商享受分工红利，专注于自身生产效率的改善和核心竞争力的提高（Daniels，1995①；宣烨和余泳泽，2014②）。在此通过为制造业提供高级生产要素投入，产生制造业前向的溢出效应；同时，高水平的技术进步和技术效率通过对制造业需求的后向激励，形成对制造业的后向溢出效应（朱海燕等，2008）③。另一方面，生产性服务业支撑着制造业转型升级。生产性服务业通过知识、信息、技术以及人力资本等生产要素的共享完全嵌入制造业的价值链，参与价值链核心环节，深化产业间分工，推动产业链升级。生产性服务业通过提供研发设计、品牌运营、信息服务等企业核心业务的专业化服务，不仅有助于降低制造业服务外包成本，同时还会缩短制造业产品创新的时间周期和技术推广应用成本，进而提升制造业产业能级、扩大制造业增值空间（白清，2015）④。

其次，生产性服务业对制造业的发展引领。随着生产性服务业发展，其作用在制造业发展过程中进一步凸显，逐渐开始引领制造业的发展。一方面，生产性服务业可以促进制造业价值链延长，特别是在帮助制造业搭建走向中高端服务平台方面可以提供支持，另外通过质量标准制定以及技术水平改善等方式帮助制造业提升品质。所以生产性服务业发展的结构及层级一定程度上决定了制造业升级的方向和层次，进一步能够决定制造业在价值链攀升高端过程中所能达到的高度，所以引领制造业品质提升、攀升价值链高端的动力之源正在成为先进生产性服务业的角色。另一方面，生产性服务业可引领制造

① Daniels P.W.，"The Locational Geography of Advanced Producer Services Firms in the United Kingdom"，*Progress in Planning*，Vol. 43，No. 2-3，1995.

② 宣烨、余泳泽：《生产性服务业层级分工对制造业效率提升的影响——基于长三角地区38城市的经验分析》，《产业经济研究》2014年第3期。

③ 朱海燕、魏江、周泯非：《知识密集型服务业与制造业交互创新机理研究》，《西安电子科技大学学报（社会科学版）》2008年第2期。

④ 白清：《生产性服务业促进制造业升级的机制分析——基于全球价值链视角》，《财经问题研究》2015年第4期。

业附加值提升及新行业和新业态的产生。制造业孵化新产品、开发新业态的必要条件在于关键性、颠覆性技术的突破,但这只是至关重要的第一步,仅靠技术是不够的,从技术创新到新产品再到新产业等诸多环节需要突破。在这个过程中同时还需要生产性服务业所提供的“配合整合”能力,如研发设计、供应链管理、融资租赁、人力资源服务、信息技术服务、检验检测认证、商务咨询、服务外包等。由此可见,制造业再造生产业务流程、创新产品、发展新业态等正是生产性服务业提供的支撑和引领。

最后,生产性服务业与制造业融合会在空间层面产生溢出效应。生产性服务业和制造业融合进一步表现在空间层面协同聚集,能够通过加快区域间和区域内资本、人才和技术等生产要素的流动速率,推动新技术和应用的区域传播,提高区域创新的空间外溢性。本地区生产性服务业和制造业协同集聚的正外部性以及由于产业集聚的循环累积因果效应产生“虹吸效应”。进一步地,随着本地区生产性服务业和制造业的集聚度逐步提高,要素的竞价效应会产生筛选效应,从而促使本地区从“低端生产服务—低端制造协同”向“高端生产服务—高端制造协同”过渡,特别是经济相邻区域,会促进知识共享以及技术传播,对周边乃至整体的技术创新产生“空间溢出效应”。

综上,正是生产性服务业和制造业之间融合、协同,产生“1+1>2”的效应(见图5-2):在平面维度,通过产业之间的专业化分工以及渗透对整体经济生

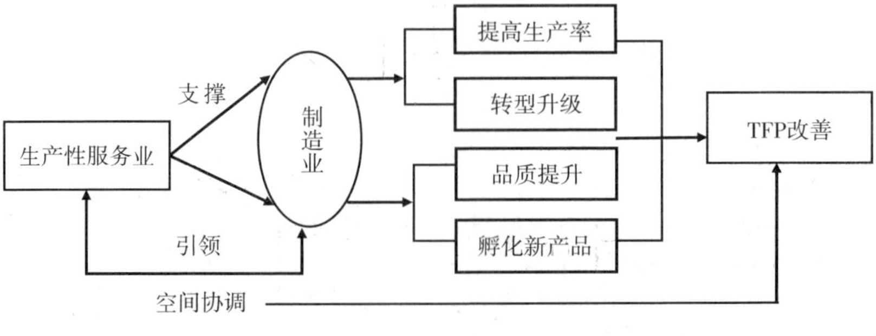

图5-2　生产性服务业与制造业协同对全要素生产率改善

产效率提升产生正面的影响；在空间维度，产业间集聚协同不仅能提高本地区生产率还会对周边地区产生空间溢出效应，从而进一步地为改善经济增长潜力提供动力。

第三节　生产性服务业与制造业协同对全要素生产率的贡献估计

一、中国城市生产性服务业—制造业协同集聚的特征

对于生产性服务业与制造业协同集聚的测度，最早有关这种空间集聚程度的测度，是由埃利森和格莱塞（Ellison 和 Glaeser，1997）①提出的产业间协同集聚度，此指标既考虑了不同行业内企业的集中程度，同时又能反映产业间的空间集聚程度，是产业间和地区间进行比较研究采用最多的指标。但该指标对数据要求比较高，不仅需要各行业在各区域的产值或是从业人员信息，还需要各行业企业集中程度的数据。所以受限于国内数据的问题，目前用该方法来测度中国生产性服务业与制造业集聚程度的文献相对比较少。目前较多文献运用德韦鲁克斯（Devereux 等，1999）②对上述集聚度的简化版，江曼琦等（2014）③将其改造为：

$$r_{ij} = \frac{H_{ij} - (H_i \times w_i^2 + H_j \times w_j^2)}{1 - (w_i^2 + w_j^2)} \tag{5-5}$$

其中，w_i、w_j 为权重指标，表示单个产业从业人员占两个产业从业人员

---

① Ellison, Glaeser, "Geographic Concentration in U.S. Manufacturing Industries: A Dartboard Approach", *Journal of Political Economy*, No. 105, 1997.

② Devereux Griffith, Simpson, "The Geographic Distribution of Production Activity in the UK", *The Institute for Fiscal Studies*, No. 26, 1999.

③ 江曼琦、席强敏：《生产性服务业与制造业的产业关联与协同集聚》，《南开学报（哲学社会科学版）》2014 年第 1 期。

之和的比重；H_i、H_j、H_{ij} 分别代表产业 i、产业 j 以及两个产业的地理集中度。进一步地，用赫芬达尔指数（Herfindahl-Index）分别计算 H，公式为：

$$H = \sum_{k=1}^{n} S_k^2 - \frac{1}{n} \tag{5-6}$$

其中，S_k 为 i（或 j、或 ij）产业第 k 个地区的从业人员占该产业整个区域从业人员的比重，n 为地区个数。由此可知，计算出来的 r_{ij} 值越大，表示产业 i 和产业 j 之间集聚度越高，空间分布上越邻近。

运用上述公式，我们计算出了 2008—2020 年中国 30 个省、自治区和直辖市（不包含西藏）的生产性服务业与制造业协同聚集程度，其中对生产性服务业，一般认为是与制造业直接相关的配套服务业，是从制造业内部生产服务部门独立发展起来的新兴产业，主要包括研发设计、货物运输、仓储和邮政快递服务、信息服务、金融服务、生产性租赁服务等。所以我们将第三产业中的"交通运输、仓储及邮电通信业""信息传输、计算机服务和软件业""金融业""租赁和商务服务业""科学研究、技术服务和地质勘查业"五个行业合称为生产性服务业。运用制造业和生产性服务业的就业人员数和上述公式，计算出各省份的生产性服务业与制造业协同集聚程度 r。

在地区维度层面，计算各省份生产性服务业与制造业协同集聚程度 13 年的平均值（见图 5-3）：（1）由于中国各省份经济发展的差异，在生产性服务业与制造业协同集聚程度层面也差异明显，其中最高的五个省份是福建、江苏、广东、山东和北京，最低的五个省份是青海、内蒙古、宁夏、新疆和山西。在区域层面也明显呈现东高西低、南高北低的特征，与我国区域经济发展水平高度相关；（2）以江曼琦等（2014）的标准，一般来说生产性服务业与制造业协同集聚程度 $r>2$，即为高度空间集聚，其中 30 个省份共有 17 个省份超过了 2，这说明我国目前各省份生产性服务业与制造业协同集聚程度处于相对较高水平，空间集聚程度较强。

在时间维度层面，由于受制于统计数据（省份分行业就业人数只从 2008

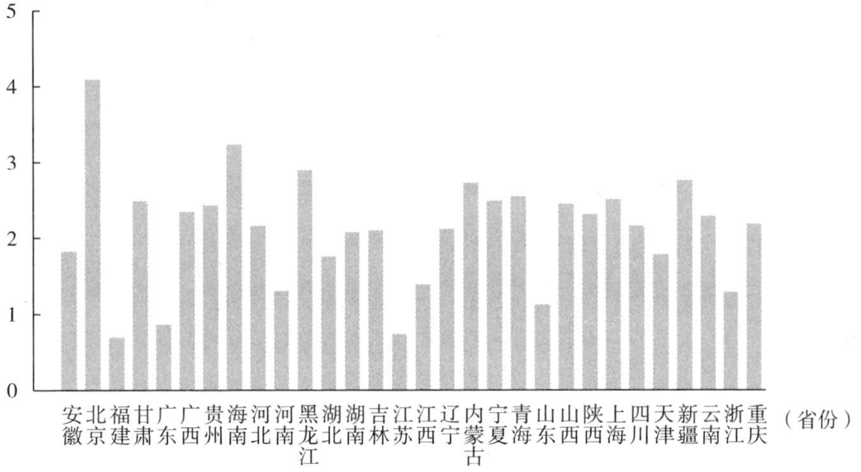

图 5-3　2008—2020 年各省份生产性服务业与制造业协同集聚程度的均值

年公布)，在此只能观察 10 多年中国整体的生产性服务业与制造业协同集聚程度(见图 5-4)。近十年来，中国整体生产性服务业与制造业协同集聚程度变化幅度呈现逐年递增的态势，特别是从 2013 年之后，生产性服务业与制造业协同集聚程度有了明显的上升。

二、样本、变量和数据

(一) 样本选择

本书选择中国 235 个地级市作为研究样本。时间维度为 2003—2019 年，其中 2002 年是我国大规模撤地设市的最后一年，所以为了数据的完整性，起始年份从 2003 年开始。另外在测算的过程中，由于个别城市数据大规模缺失，且变化毫无规律，无法进行空缺值的填充(若强行填充有可能会造成结果异常)，所以对这些城市进行了剔除，最终共计 235 个城市作为观测样本。数据来自国泰安(CSMAR)数据库、城市统计年鉴以及相关的已有研究。

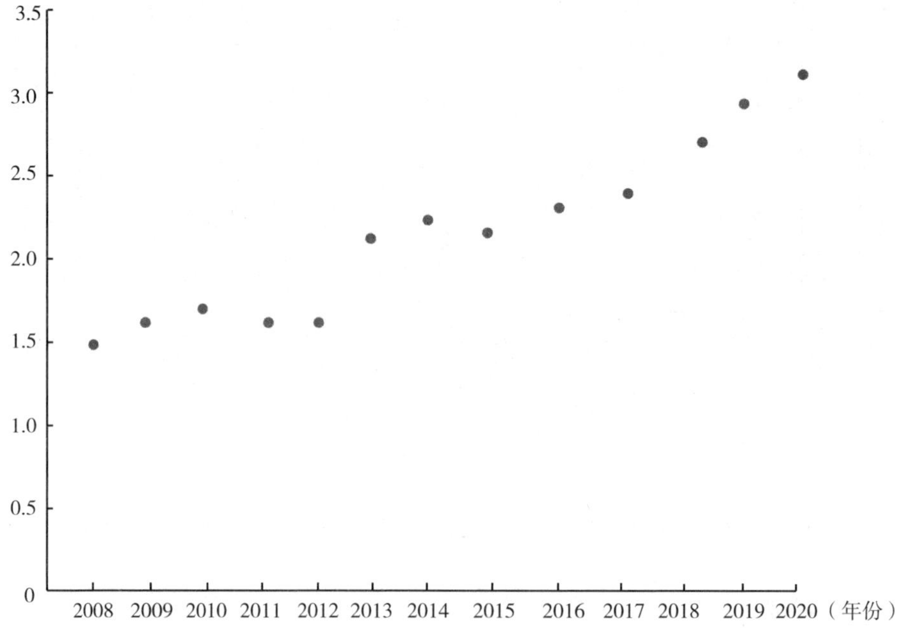

图 5-4　2008—2020 年各省份生产性服务业与制造业协同集聚程度均值

(二) 变量定义

全要素生产率(TFP):对于全要素生产率的测算,主流的方法是采用数据包络分析(Data Ewelopment Analysis,DEA)模型和马姆奎斯特指数(Malmquist指数)来分析全要素生产率的变化情况(颜鹏飞等,2004①;李郇等,2005②;金相郁,2006③;高春亮,2007④),所以在此我们运用该方法测度城市全要素生产率。数据包络分析(DEA)模型的应用对投入产出变量的选择十分重要。

① 颜鹏飞、王兵:《技术效率、技术进步与生产率增长:基于 DEA 的实证分析》,《经济研究》2004 年第 12 期。

② 李郇、徐现祥、陈浩辉:《20 世纪 90 年代中国城市效率的时空变化》,《地理学报》2005 年第 4 期。

③ 金相郁:《中国城市全要素生产率研究:1990—2003》,《上海经济研究》2006 年第 7 期。

④ 高春亮:《1998—2003 城市生产效率:基于包络技术的实证研究》,《当代经济科学》2007 年第 1 期。

在投入变量的选择方面:(1)资本变量的选择。国内学者一般核算中国整体或省际的资本,多采用永续盘存法对资本存量进行估算。但这种估算既需要对初始年份的资本存量的估计,还涉及投资价格指数的确定,在全国整体或是省际这方面研究比较充分,但是在城市层面,虽也有研究(刘常青等,2017)①,但这方面的估算较多,且结果不一,主要在于运用永续盘存法需要的几个变量难以达成一致。同时从2003年到2016年的时间维度,不少地级市行政区划调整也比较频繁,若勉强估算各个城市的资本存量来进行全要素生产率的核算,不免出现较大偏差。另外本书所采用的基于数据包络分析模型的马姆奎斯特指数法(Mamlquist 指数法)是一种核算相对效率的方法,只要各个研究对象保持相对一致性,其结果就不会有大的偏差。在已有的研究中,刘秉镰和李清彬(2009)②曾用固定资产投资额作为资本存量的替代指标,于是本书亦遵循此方法,以各城市各年度的固定资产投资额作为资本存量的替代。(2)劳动变量的选择。本书延续多数研究所采用的办法,用从业人员数来代表劳动力,即用城市市辖区从业人员总数作为劳动投入。(3)在产出变量的选择方面:本书遵循已有的研究,选择城市生产总值作为产出变量。由于城市经济多表现在市辖区,则选择的GDP也为市辖区数据,并进行价格指数的平减为真实GDP。

生产性服务业与制造业协同集聚程度:在此采用上文的方法对城市的生产性服务业与制造业协同集聚程度进行测度,其中就业人数采用的是市辖区的制造业和生产性服务业就业人数(生产性服务业定义和范围与上文一致)。其中需要说明的是,个别城市缺失数据按以下规则进行填充:呼伦贝尔2003年缺失以2004年进行填充;贵阳2015年缺失以2014年和2016年平均值进

① 刘常青、李磊、卫平:《中国地级及以上城市资本存量测度》,《城市问题》2017年第10期。

② 刘秉镰、李清彬:《中国城市全要素生产率的动态实证分析:1990—2006——基于DEA模型的Malmquist指数方法》,《南开经济研究》2009年第3期。

行填充;蚌埠和安庆2016年的缺失以2015年进行填充;成都、宿州2015年、2016年缺失,以之前年份计算所得值的年均增长率进行填充。另外绥化、毕节、陇南数据缺失严重,予以剔除。

控制变量:影响城市全要素生产率的因素众多,参考已有的理论和实证文献:一是城市规模,即城市不同规模会产生不同的集聚效应,这对生产率有显著的影响(余壮雄和杨扬,2014①;李坚未和孙久文,2018②)。二是产业结构,认为产业结构升级能够提升城市生产率(李学兰和王海元,2017)③。三是创新要素集聚,创新要素集聚及其空间溢出会对城市生产率产生影响(张斯琴和张璞,2017④;吴新中和邓明亮,2018⑤)。四是城市行政层级,谢小平等(2017)⑥认为在中国独特的城市行政层级架构下,高层级城市可能会迎合政府的各种诉求,导致资源错配,不利于生产率的提升。五是外商直接投资,王艺明等(2016)⑦考察城市全要素生产率,发现外商直接投资对全要素生产率变动有正向影响。鉴于此,本书将上述变量进行控制,具体变量及其衡量见表5-2。

(三) 描述性统计

对主要变量进行描述性统计(见表5-3):全要素生产率的均值为1.113,即近些年我国城市生产率呈现明显的上升态势,但从最大、最小值可以看出城

① 余壮雄、杨扬:《大城市的生产率优势:集聚与选择》,《世界经济》2014年第10期。

② 李坚未、孙久文:《城市规模、聚集效应和城市生产力来源》,《学习与实践》2018年第7期。

③ 李学兰、王海元:《产业结构升级提升了城市生产率吗?——基于空间计量模型的实证检验》,《云南财经大学学报》2017年第2期。

④ 张斯琴、张璞:《创新要素集聚、公共支出对城市生产率的影响——基于京津冀蒙空间面板的实证研究》,《华东经济管理》2017年第11期。

⑤ 吴新中、邓明亮:《技术创新、空间溢出与长江经济带工业绿色全要素生产率》,《科技进步与对策》2018年第17期。

⑥ 谢小平、汤萱、傅元海 :《高行政层级城市是否更有利于企业生产率的提升》,《世界经济》2017年第6期。

⑦ 王艺明、陈晨、高思航:《中国城市全要素生产率估算与分析:2000—2013》,《经济问题》2016年第8期。

市生产率分化十分明显。对生产性服务业与制造业协同集聚程度，从均值来看城市整体仍处于中低度集聚的态势。

表 5-2　主要变量及其定义

变量类型	变量名称	变量定义	计算说明
核心变量	*TFP*	城市全要素生产率	数据包络分析（DEA）模型计算的马姆奎斯特（Mamlquist）指数
	r	生产性服务业与制造业协同集聚程度	利用江曼琦等（2014）①的方法计算
控制变量	*PSCALE*	城市人口规模	每平方千米土地上年末总人口，取自然对数
	PGDP	城市经济规模	人均 GDP
	IND	城市产业结构升级	借鉴干春晖等（2011）②对产业高级化的构造，第三产业产值与第二产业产值之比
	INNO	城市创新要素集聚	寇宗来和刘学悦（2020）③计算的城市创新指数
	HHC	城市行政层级	如果是副省级城市或直辖市为 1，否则为 0
	FDI	城市外商直接投资	城市外商直接投资（FDI），取自然对数

表 5-3　变量描述性统计

变量	个数	均值	标准差	最小值	最大值
TFP	3993	1. 113	0. 632	0. 130	5. 790
r	3993	0. 0147	0. 0166	−0. 337	0. 0609

① 江曼琦、席强敏：《生产性服务业与制造业的产业关联与协同集聚》，《南开学报（哲学社会科学版）》2014 年第 1 期。

② 干春晖、郑若谷、余典范：《中国产业结构变迁对经济增长和波动的影响》，《经济研究》2011 年第 5 期。

③ 寇宗来、刘学悦：《中国企业的专利行为：特征事实以及来自创新政策的影响》，《经济研究》2020 年第 3 期。

续表

变量	个数	均值	标准差	最小值	最大值
PSCALE	3753	5.871	0.788	3.439	7.887
PGDP	3993	4,718	19,055	0.254	195,792
IND	3992	0.819	0.407	0.0943	4.166
INNO	3992	8.201	42.49	0.00513	1,061
FDI	3702	9.683	1.874	2.485	14.56

三、实证分析

（一）基准回归

首先,我们运用静态模型讨论生产性服务业与制造业协同集聚对城市全要素生产率的影响,在此进行计量分析时,构造以下计量模型:

$$TFP_{it} = \beta_0 + \beta_1 \times r_{it} + \beta_i \times X_{it} + u_i + \varepsilon_{it} \tag{5-7}$$

其中,TFP_{it}代表城市全要素生产率,r 为生产性服务业与制造业协同集聚程度,X_{it}为一系列控制变量,u_i为固定效应,ε_{it} 则为随机扰动项。具体估计结果见表 5-4。

表 5-4 基准的静态回归

变量	(1)	(2)	(3)
r	0.676*	0.506***	1.223***
	(1.846)	(2.454)	(2.012)
PSCALE		0.005*	0.029*
		(1.803)	(1.891)
PGDP		0.006**	0.003**
		(2.025)	(2.058)

续表

变量	(1)	(2)	(3)
IND		0.252***	0.133*
		(3.356)	(1.873)
INNO		0.008***	0.009***
		(2.287)	(2.264)
FDI		−0.039***	−0.023**
		(−2.708)	(−1.839)
Admin_level		0.0001***	0.0001***
		(2.775)	(2.643)
地区控制变量	No	No	Yes
城市群控制变量	No	No	Yes
Constant	1.103***	1.761***	1.226
	(57.859)	(2.956)	(1.638)
个体效应	Yes	Yes	Yes
时间效应	No	No	Yes
R^2	0.137	1.238	2.658
F	10.418	15.710	19.480

注：***、**、*分别表示在1%、5%和10%的水平上显著。括号内为 *t* 值，下同。

在上述回归方程中，我们均采取面板固定效应模型，结果显示：不论是对城市影响全要素生产率还是个体特征进行控制，模型(1)—模型(3)中，被解释变量生产性服务业与制造业协同集聚程度均显著为正，这印证了上述论证生产性服务业和制造业之间融合和协同会通过产业之间的专业化分工以及渗透对整体经济生产效率提升产生正面的影响。另外，随着对其他因素及城市个体特征的控制，方程的拟合优度 R^2 明显提高，同时生产性服务业与制造业协同集聚程度 *r* 系数显著变大，说明在对其他因素不予控制时会发生对生产性服务业与制造业协同集聚影响城市全要素生产率的低估。

（二）空间计量分析

为了考虑生产性服务业与制造业协同集聚在空间的溢出效应，需要运用空间计量模型来进行分析。在空间模型里，有空间自回归模型、空间误差模型、空间 X 滞后模型还有空间杜宾模型。空间自回归模型可以描述空间不同地区的时间依赖关系，而空间 X 滞后模型则可以解释不同地区空间外溢性，为了既考虑时空效应，又可以弥补模型分析中遗漏重要变量的问题，在此我们运用空间杜宾模型。

$$TFP_{it} = \beta_i \times X_{it} + \delta W X_{it} + \alpha_i + v_t + \varepsilon_{it} \tag{5-8}$$

其中，i 表示省份，t 表示时间，α_i 为个体固定效应，v_t 为时间固定效应，ε_{it} 误差项服从 $N(0,\sigma^2)$ 分布，W 为空间权重矩阵，刻画空间依赖性。空间权重矩阵，通常基于空间邻接关系构造空间权重矩阵（比较常见的 0—1 矩阵）或基于地理距离构造空间权重矩阵。但本书地级以上城市中的部分城市因缺少数据而被剔除，使城市在空间分布上呈不连续状态，所以空间权重矩阵构造已经不适宜采取空间邻接关系，而应基于地理距离来构建空间权重矩阵。在此借鉴程开明和章雅婷（2018）[①]，构建地理距离负指数衰减形式的空间权重矩阵，具体为：

$$W = \begin{cases} e^{-\frac{d_{ij}}{d_{max}}}, & d_{ij} \neq 0 \\ 0, & d_{ij} = 0 \end{cases} \tag{5-9}$$

其中，d_{ij} 为城市之间的距离，d_{max} 为城市间距离的最大值。以地球大圆距离代表城市中心之间的地理距离，计算公式为：

$$d_{ij} = R \times \arccos\left[\sin\alpha_i \sin\alpha_j + \cos\alpha_i \cos\alpha_j \cos(\beta_j - \beta_i)\right] \tag{5-10}$$

上式中，R 代表地球半径，α 和 β 分别是城市中心的纬度与经度，数据来

① 程开明、章雅婷：《中国城市创新空间溢出效应测度及分解》，《科研管理》2018 年第 12 期。

源于国家基础地理信息系统。

我们进行空间自相关性检验，计算出了2003—2019年历年城市全要素生产率（TFP）的莫兰指数（Moran's I）。表5-5结果显示，在中国城市全要素生产率的莫兰指数值均为正值且均通过了显著性检验，这意味着省份的生产率之间存在非常显著的空间相关性，说明考虑空间计量来分析城市全要素生产率和生产性服务业与制造业协同集聚程度是比较合适的。

表5-5　2003—2019年空间自相关性检验

年份	莫兰指数	z值	年份	莫兰指数	z值
2003	0.203	3.049***	2012	0.246	2.375***
2004	0.217	2.854***	2013	0.205	2.072**
2005	0.277	2.378***	2014	0.203	1.999**
2006	0.267	2.462***	2015	0.216	1.993**
2007	0.254	1.927**	2016	0.209	1.692*
2008	0.194	1.991**	2017	0.211	2.452***
2009	0.234	2.052**	2018	0.214	2.193***
2010	0.248	2.889***	2019	0.221	1.992**
2011	0.261	2.666***			

注：***、**、*分别表示在1%、5%和10%的水平上显著。

本章借鉴陈子真等（2019）①，进一步将生产性服务业细分为基础性生产服务业和支持性生产性服务业，其中生产性服务业中的"交通运输、仓储及邮电通信业""租赁和商务服务业"定义为基础性生产性服务业；"信息传输、计算机服务和软件业""金融业""科学研究、技术服务和地质勘查业"等行业则被定义为支持性生产服务业。进一步计算基础性生产性服务业与制造业协

① 陈子真、雷振丹、李晶仪：《生产性服务业与制造业协同集聚、空间溢出与区域创新》，《商业研究》2019年第5期。

同集聚程度($BS-r$)和支持性生产性服务业与制造业协同集聚程度($SS-r$),于是我们进行空间估计,即考虑生产性服务业与制造业协同集聚对城市全要素生产率的空间影响。具体结果见表 5-6。

表 5-6　空间杜宾模型的估计结果

变量	(4)	(5)	(6)
r	1.032***		
	(5.571)		
BS-r		-0.017	
		(-0.346)	
SS-r			0.072***
			(10.354)
PSCALE	0.002***	0.002***	0.001*
	(2.881)	(2.734)	(1.920)
PGDP	0.005*	0.007	0.004*
	(1.849)	(0.06)	(1.925)
IND	0.031*	0.021**	-0.032
	(1.777)	(2.059)	(-0.779)
INNO	0.018***	0.019**	0.011*
	(3.781)	(2.038)	(1.717)
FDI	-0.053*	-0.006	-0.032**
	(-1.898)	(-0.345)	(2.063)
W×r	0.418*		
	(1.775)		
W×BS-r		-0.039*	
		(1.744)	
W×SS-r			0.234**
			(2.391)

续表

变量	（4）	（5）	（6）
$W\times PSCALE$	0.050**	0.030*	0.064
	(2.081)	(1.879)	(−0.426)
$W\times PGDP$	0.025**	0.023**	0.111*
	(2.291)	(2.040)	(−1.812)
$W\times IND$	−0.093	−0.086	−0.009
	(−0.760)	(−0.321)	(−0.524)
$W\times INNO$	0.034*	0.050*	0.011*
	(1.990)	(1.819)	(1.943)
$W\times FDI$	0.109	0.098	0.061
	(0.491)	(0.913)	(−0.294)
城市行政地理特征	Yes	Yes	Yes
ρ	0.332***	0.341***	0.281***
	(5.327)	(3.574)	(2.909)
Adj-R^2	0.517	0.449	0.459
LogL	516.21	294.87	208.37

在进行空间杜宾模型估计时，需要确定采用固定效应模型还是随机效应模型，豪斯曼检验（Hausman 检验）结果显示在5%的显著性水平下拒绝原假设，故选用空间杜宾固定效应模型进行估计。结果显示，在空间杜宾模型中，核心解释变量生产性服务业与制造业协同集聚程度以及控制变量对城市全要素生产率的影响与基准模型类似，即生产性服务业与制造业协同集聚程度越高，对城市生产率的提升越明显。进一步地，生产性服务业与制造业协同集聚程度的空间滞后系数则为负，表明城市生产性服务业与制造业协同集聚程度会对周边城市生产率产生促进作用。另外由于空间杜宾模型的回归参数并非自变量对因变量的边际影响，所以需要进一步对空间杜宾模型进行效应分解，

即估计其直接效应和间接效应,具体结果见表 5-7。

表 5-7　空间杜宾模型的效应分解:直接效应和间接效应

效应类型	生产性服务业与制造业协同集聚程度(r)	基础性生产性服务业与制造业协同集聚程度($BS-r$)	支持性生产性服务业与制造业协同集聚程度($SS-r$)
总效应	0.308**	−0.164*	0.412***
	(2.398)	(−1.743)	(2.983)
直接效应	0.243*	−0.017	0.123***
	(1.987)	(−0.421)	(3.456)
间接效应	0.065**	−0.147***	0.289***
	(2.489)	(−2.769)	(3.074)

在此直接效应是指生产性服务业和制造业协同集聚对本地生产率的直接影响效果;间接效应则是指生产性服务业和制造业协同集聚对邻近地区生产率的影响效应。表 5-7 结果表明:(1)生产性服务业和制造业协同集聚不论对本地还是邻近地区的效应都显著为正,且总效应显著为正,这进一步印证了上述理论假说,生产性服务业和制造业协同集聚既存在自身演进又存在溢出效应。(2)生产性服务业和制造业协同集聚度对本地生产率的提升水平要高于对其他地区的溢出效应,这主要因为在城市内部随着分工的深化,生产性服务业逐步从制造业中分离出来,形成专业化的分工格局,而这成为区域生产率改善的重要推手和主要动力。同时随着生产性服务业专业化的展开,其快速发展和集聚有效地帮助制造业降低资本、技术等要素投入成本,提高其生产效率,所以生产性服务业和制造业的“双重效率”改善最终成为提高城市生产率的重要引擎。(3)生产性服务业与制造业协同集聚的间接效应为 0.065,即本地协同集聚水平提高 1%,将会对邻近地区创新产生 0.065%的“溢出效应”。由此可见,产业之间的融合发展会引致正外部性,即集聚产生产业间交易成本

降低，而这类成本降低和交易效率的改善会对邻近地区产生“以邻为伴”的正向促进作用，从而有效促进邻近地区的生产率提升。

进一步考察不同类型的生产性服务与制造业协同集聚的效应：在空间计量模型中（见表5-6），基础性生产性服务业与制造业协同集聚（$BS-r$）对生产率的作用不显著。主要原因在于基础性生产性服务作为生产性服务业的低端形式，其与制造业协同集聚会通过外包制造业中间服务，帮助制造业降低中间投入成本，提高制造业在本地区的市场竞争力，但其对生产率的直接作用会十分有限，因为会受制于当地其他因素如人力资本水平的积累。同时生产性服务业中低端产业加速集聚，一方面服务制造业的能力会形成“供大于求”的态势；另一方面此类过度协同集聚会产生“拥挤效应”，即造成本地区土地价格上涨、交通拥堵、环境污染等一系列问题，从而对本地生产率产生一定的抑制作用。另外在效应分解中也可以看出，基础性生产性服务业与制造业协同集聚对本地直接效应为负且没通过显著性检验。在间接效应方面，发现基础性生产性服务与制造业协同集聚水平提高1%，将会对邻近地区生产率产生0.147%的“虹吸效应”。一般来说，基础性生产性服务主要职能是以提供城市公共服务、降低城市运行成本为主，一个城市良好的公共服务和便捷的物流会对周边地区产业、劳动力产生较强的吸引力，于是要素池效应的存在会抑制邻近地区生产率的改善。

支持性生产服务业与制造业协同集聚程度对城市生产率有显著的推动作用，协同集聚程度提高1%，城市生产率将提高0.412%。支持性生产性服务首先是新知识、新技术和新工艺的创造者和扩散者，可以将人力资本、运营新方式、新工艺、新技术传导到制造业，促进制造业的转型升级，从而提升整体的生产率水平。所以一个城市通过支持性生产性服务与制造业融合发展和服务嵌入，会深化市场分工，从而推动制造业在价值链的攀升。进一步支持性生产性服务与制造业协同集聚会对邻近地区生产率水平产生显著的空间溢出效应（间接效应达到了0.289）。首先，支持性生产性服务通过技术服务、信息传输和资本支持能够显著提高制造业企业市场竞争力,这种较高的市场竞争会对城市内产业产生“筛选效应”,低附加值、低效率的产业会逐步从中心城市退出,从而进一步向周边二、三线城市迁移,因此会对周边城市产生明显的溢出效应;其次,新技术、新知识、新工艺等新的生产方式在信息化的背景下,其边际传输成本已接近于零,支持性生产性服务的技术辐射半径逐步加大,本城市支持性生产性服务将不再局限于仅为本地制造业服务,还会对周边邻近地区产生较大的辐射作用;最后,支持性生产性服务与制造业协同集聚、相互融合,会培育和衍生出一系列新产业新业态,而这些普及和推广会打破原有产业的空间布局,从而带动周边区域的产业升级和生产率的提高。

第四节 结构优化情形下中国经济增长潜力的估算

第三章的预测只考虑进入新发展阶段中国经济的一个基准状态。在此基础上,考虑结构优化状态下中国经济的增长潜力:

上文计算了生产性服务业和制造业协同集聚对本地生产率影响的总效应为 0.308,即生产性服务业和制造业协同集聚程度每改善 1%,会使城市全要素生产率提升 0.308%。另外,虽然上文我们计算中国省域的生产性服务业和制造业协同集聚程度在近些年呈现出显著的改善态势,但是同时可以看出中国省域之间差距十分明显,落后地区结构效应的“红利”依然存在,即追赶先进省份以及与发达省份趋同形成的结构优化潜力仍比较充分。我们进一步计算生产性服务业和制造业协同集聚对生产率的影响,运用城市数据计算生产性服务业和制造业协同集聚程度,城市之间分化更为明显,所以区域间在结构优化方面的追赶从而释放的潜力是存在的。

第三章在经济增长潜力的基准状态下,2021 年之后未来全要素生产率基本增长态势为 2%。在结构优化的背景下,我们假设正常情形下,整体结构会以 10%的速率优化，于是会带来 3%的全要素生产率增速，在基准全要素生产率的基础上可计算全要素生产率增速每年提高 3%的正常情形下的全要素生产率（基准 TFP×（1+3%）^{n}）；进一步假设乐观情形，即整体结构会以 15%的速率优化，可得乐观情形下的全要素生产率增速。根据上述假设，我们得到 2021—2035 年中国在结构优化状态下的经济潜在增速（各类要素预测结果及变化见表 5-8）。

表 5-8　面向 2035 年中国经济增长潜力预测：结构优化情形下　（单位：%）

年份	全要素生产率增速			面向 2035 年经济潜在增速		
	基准	正常情形	乐观情形	基准	正常情形	乐观情形
2021	2.00	2.060	2.090	4.5	4.600	4.630
2022	2.00	2.122	2.184	4.4	4.543	4.605
2023	2.00	2.185	2.282	4.3	4.490	4.587
2024	2.00	2.251	2.385	4.2	4.440	4.574
2025	2.00	2.319	2.492	4.0	4.332	4.505
2026	2.00	2.388	2.605	3.9	4.289	4.505
2027	2.00	2.460	2.722	3.8	4.250	4.512
2028	2.00	2.534	2.844	3.7	4.215	4.525
2029	2.00	2.610	2.972	3.6	4.184	4.546
2030	2.00	2.688	3.106	3.5	4.227	4.645
2031	2.00	2.768	3.246	3.4	4.150	4.627
2032	2.00	2.852	3.392	3.3	4.131	4.671
2033	2.00	2.937	3.544	3.2	4.116	4.723
2034	2.00	3.025	3.704	3.1	4.106	4.785
2035	2.00	3.116	3.871	3.0	4.100	4.854

通过表 5-8 可以看出：相比基准状态，考虑结构优化的情形，“结构红利”会对经济增长潜力有明显的提升。在正常情况下，2025 年前在结构效应下，

中国经济增长潜力年均增速会保持在4.5%左右;2025—2035年维持在4%的经济增长潜力;在乐观情况下,2035年前中国将能维持4.5%以上的经济增长潜力。所以考虑结构优化的情形,未来中国经济增长潜力将持续维持住一定的中速增长。

经济发展的过程必然伴随产业结构的演进,产业结构自发演进会使发展潜力不断释放,发展动能快速集聚。鉴于此,本章基于结构优化的视角估算了未来中国经济增长潜力的大小,其中结构优化的视角重点在于讨论生产性服务业与制造业协同集聚对区域生产率的影响逻辑,并从空间维度检验这种协同集聚会对城市生产率有显著的空间溢出效应。于是未来中国经济谋求增长潜力最为关键的着力点在于"调结构",特别是生产性服务与制造业协同集聚的空间结构。

综上,未来以结构优化为核心来谋求经济增长潜力,关键在于:

第一,打造分工优势,促进制造业与生产性服务业优势互补,实现协调发展。明确先进的专业化服务和制造业企业各自的比较优势,强化专业化服务企业的分工优势,打造以研发设计、资金信贷、信息网络、仓储物流、广告创意等服务为核心的专业化社会服务体系,发挥其帮助制造业向"微笑曲线"两端的研发和营销拓展的"助推器"作用。加大政策支持力度并探索多样的市场引导方式,促进高端制造业和服务业之间形成错位分工、优势互补的融合发展。一方面制造业要充分提升自身的核心竞争力,大力发展核心业务,通过将生产性服务业环节外包来整合资源,对核心业务进行革新,提升整个产业价值链的竞争力,并促进生产性服务业多样化的发展;另一方面生产性服务业要发挥自身专业化优势,关键发挥自身黏合与辐射带动作用,帮助制造业实现由低价值链向高价值链的跃进。在制造业和生产性服务业良性动态契合的过程中,还应该借助现代的科技与信息技术,搭建制造业与生产性服务业产业发展共享平台,探索产业融合发展的新型模式。进一步需要依托该平台加速整个新兴产业内部的资源流动,特别是制造业和生产性服务业之间的人才共享、资源共享和信息共享，最终实现双赢发展。

第二，强化产业空间集聚与空间转移的资源配置能力，在地区之间形成因地制宜的差异化发展。促进制造业与生产性服务业在空间上集聚与转移，根本目的在于提升制造业与生产性服务业在更大区域配置要素资源的能力。需要借助"互联网+""大数据"等新型媒介打造优势行业的"中心—外围"经济模式，即促进制造业和生产性服务业"两业"协调式和分离式两类集聚的空间协调模式，促进产业迅速裂变的新型发展模式的创生和革新，从而实现资源在空间层面的有效配置。在此既需要促进"两业"在区域层面形成有序分工、优势互补的格局，即提升空间集聚能力，又需要注意"两业"在区域间的平衡集聚，即促进由过度集聚的地区向集聚不足的地区转移，提高集聚不足地区的集聚水平，缓解由于过度集聚产生的拥挤效应，从而实现平衡发展。以空间的视角促进制造业和生产性服务业集聚，关键在于建立产业拥挤发生后的疏散机制，特别是加强产业转出与承接地区的优势互补、合作交流，力争形成良性梯度，促进产业有效转移，熨平产业"洼地"，产生规模经济和集聚经济，促进地区之间实现共享式发展。另外，由于产业之间协同集聚在不同区域呈现出异质性，所以各地应该坚持因地制宜、差别化和精细化发展的原则。在东部地区应坚持以发展支持性服务为主，通过支持性服务业与制造业之间协同集聚来提升其空间溢出效应；在中西部地区应坚持以发展优势产业为主，特别是延伸高端制造业的产业链条，并加强产业间的融合程度，推动产业由低级别协同逐步向高级别协同转变，从而有效改善欠发达省份的生产效率和增长潜能。

第三，打破市场分割突破行政区限制，发挥产业网络外部性促进区域协调发展。构建区域层级格局，制定并实施区域有序规划政策，积极探索区域发展的利益调整机制，关键是对区域协调中可能发生的地方利益流失尝试引入补偿机制，以加强对区域发展的协调和统一谋划。进一步在区域利益格局调整理顺的基础上通过完善区域基础设施水平，推动产业相关的资本、人才以及技术等要素在更大的空间范围自由流动，同时各地区需结合自身资源禀赋和比较优势来提升符合本地区优势的生产性服务业与制造业的协同集聚程度,提高协同集聚对区域生产率的空间正外部性。另外,在空间层面要实现制造业与生产性服务业的协调发展,关键在于打破地方保护主义的行政垄断以及市场封锁行为,疏通地区间的合作障碍,探索多样化的地区合作模式和机制,创新"两业"的空间网络匹配模式,分享区域协调发展的溢出效应。进一步在空间层面拓宽制造业和生产性服务业生产网络,在更大空间实现资源的自由流动和合理配置,发挥网络化的正外部性作用,促进城市空间结构演化进而促进区域协调发展,从而释放更大的增长潜力和动能。

第六章 资源配置效率改善视角下中国经济增长潜力的估算和研判

第一节 资源错配对经济增长潜力的影响机制

基于转轨时期中国要素市场化改革滞后的现实背景，大量学者认为要素（资本和劳动力）错配对中国经济增长影响深远。

对于资源错配，传统资源错配多从微观层面展开，也是微观经济核心主题，即资源错配会使企业要素的边际产出与要素价格不相等，使要素投入比例发生偏差，从而引起企业间的产出和生产率差异。随着研究的深入，发现转轨国家以及发展中国家的双重体制特性造成了市场缺陷，资源错配会传导到宏观层面，即资源错配引起的要素市场扭曲、产业结构失衡、创新瓶颈约束以及地区间发展差异多会出现在这些国家。综上，由于制度安排、政府管制、市场势力、对外贸易、信息非对称等因素的介入，要素的配置比例发生了相对于自然技术结构的偏离，从而引起生产效率下降。

鉴于此，对于要素（资本和劳动力）错配产生的全要素生产率损失持续成为研究的重点。如果企业的资源存在错配，其必将会对全要素生产率产生负面影响，即全要素生产率损失。海什和克莱诺（Hsieh 和 Klenow，2009）[①]的文

① Hsieh C.T., Klenow P.J.,"Misallocation and Manufacturing TFP in China and India", *The Quarterly Journal of Economics*, Vol. 124, No. 4, 2009.

献开创性构建了分析资源错配与全要素生产率损失的核算框架,利用中国和印度制造业的相关数据计算后发现,如果按照等边际收益原则改善中国和印度的资源错配情况,就可以使中国和印度的全要素生产率分别提升 25% —40%和 50% — 60%。沿着这个思路,大量的研究文献(Oberfield,2011①;Bollard 和 Klenow,2013②;龚关、胡关亮,2013 等③)对这个框架进行了扩展,以研究规模报酬递增、分行业以及国别差异下资源错配与全要素生产率损失。对发展中国家来说,雷斯图西亚和罗杰森(Restuccia 和 Rogerson,2013)④认为这类国家随着产业结构的变迁,各类资源很难协调,就会产生资源错配。所以中国学者针对中国发展中国家以及转轨国家的性质,展开了一系列有关资源错配的研究:计算了资本要素(覃家琦、邵新建,2015)⑤、劳动力要素(袁志刚、解栋栋,2011⑥;盖庆恩等,2015⑦)错配问题所产生的全要素生产率损失。不仅如此,还有学者(聂辉华和贾瑞雪,2011⑧;邵宜航等,2013⑨;陈彦斌等,2014⑩;盖庆恩等,2015⑪)分析了中国行业层面资本和劳动力错配所产生的全要素生产率损失。

---

① Oberfield E., *Business Networks, Production Chains, and Productivity: A Theory of Input-Oytput Architecture*, Sociall Science Electronic Publishing, 2011.

② Bollard A., Klenow P. J., Sharmac G., "India's Mysterious Manufacturing Miracle", *Review of Economic Dynamics*, Vol. 16, No. 1, 2013.

③ 龚关、胡关亮:《中国制造业资源配置效率与全要素生产率》,《经济研究》2013 年第 4 期。

④ Restuccia D., Rogerson R., "Misallocation and Productivity", *Review of Economic Dynamics*, Vol. 16, No. 1, 2013.

⑤ 覃家琦、邵新建:《交叉上市、政府干预与资本配置效率》,《经济研究》2015 年第 6 期。

⑥ 袁志刚、解栋栋:《中国劳动力错配对 TFP 的影响分析》,《经济研究》2011 年第 7 期。

⑦ 盖庆恩、朱喜、程名望、史清华:《要素市场扭曲、垄断势力与全要素生产率》,《经济研究》2015 年第 5 期。

⑧ 聂辉华、贾瑞雪:《中国制造业企业生产率与资源误置》,《世界经济》2011 年第 7 期。

⑨ 邵宜航、步晓宁、张天华:《资源配置扭曲与中国工业全要素生产率——基于工业企业数据库再测算》,《中国工业经济》2013 年第 12 期。

⑩ 陈彦斌、陈小亮、陈伟泽:《利率管制与总需求结构失衡》,《经济研究》2014 年第 2 期。

⑪ 盖庆恩、朱喜、程名望、史清华:《要素市场扭曲、垄断势力与全要素生产率》,《经济研究》2015 年第 5 期。

综上，概括来说，资源配置对经济增长造成影响的逻辑：如果资源得不到有效的配置，将直接导致经济活动中的长期价格扭曲、效率低下，从而抑制企业的发展活力和创新动力，带来全要素生产率的损失，进而阻碍经济长期可持续发展。

众所周知，经济增长潜力来源有两个层面：一是要素投入潜力，即资本、劳动力、自然资源存量和投入生产的潜力；二是全要素生产率增进的空间。全要素生产率增加的途径有多样，最主要的方式即微观主体。通过技术革新推动技术进步，可以显著提升全要素生产率。除此之外，全要素生产率增进的另外一种方式即资源配置效率的改善，通过纠正资源错配，对资源重新进行合理的优化配置，在这种机制下可以使资源从低效率的企业、行业转移到高效率的企业或行业，从而实现帕累托改进，进一步促进全要素生产率的增进。所以资源配置效率的提升，通过增进全要素生产率，在不增加总投入的基础上，实现总产出的改善，从而提升经济增长的潜力。

鉴于上述逻辑，本章首先需要考察中国资源错配的程度以及全要素生产率的损失，进而在此基础上测算出资源错配纠正后中国未来2021—2035年的经济增长潜力。

第二节　中国资源错配测度的框架

一、资源错配测度方法

本书借鉴H—K测算框架（Hsieh和Klenow，2009）①，假定企业生产函数为：

① Hsieh C.T., Klenow P.J., "Misallocation and Manufacturing TFP in China and India", *The Quarterly Journal of Economics*, Vol. 124, No. 4, 2009.

$$Y_{si} = TFP_{si} K_{si}^{\alpha_i} L_{si}^{\beta_i} \tag{6-1}$$

其中,s 表示第 s 个行业,i 表示第 i 个企业,Y_{si}、TFP_{si}、K_{si}、L_{si} 分别表示企业实际产出、全要素生产率、资本存量和劳动力规模。α_i 和 β_i 分别代表两个要素——资本和劳动力的产出弹性。其中,我们借鉴龚关和胡关亮(2013)①,不假设规模报酬不变(不假设存在 $\alpha_i + \beta_i = 1$)。

假定各行业中代表性厂商为经济体提供消费品,该厂商利用行业内各企业的产出品作为要素投入,则该厂商的生产函数为不变替代弹性系数(Constant Elasticity of Substitution,CES)形式:

$$Y_s = \left(\sum_{i=1}^{m_s} Y_{si}^{\phi}\right)^{1/\phi} \tag{6-2}$$

其中,ϕ 为产品替代弹性。进一步设 $K_s = \sum_{i=1}^{m_s} K_{si}$、$L_s = \sum_{i=1}^{m_s} L_{si}$,$K_s$、$L_s$ 分别代表第 s 个行业的总的资本存量和劳动力规模。令 $k_{si} = K_{si}/K_s$、$l_{si} = L_{si}/L_s$ 表示资本和劳动力在行业内的均衡配置,则根据布兰特等(Brandt 等,2013)②的设定,第 s 个行业的全要素生产率 TFP_s 表示为:

$$TFP_s = \frac{\left(\sum_{i=1}^{m_s} Y_{si}^{\phi}\right)^{\frac{1}{\phi}}}{K_s^{\alpha} L_s^{\beta}} = \left(\sum_{i=1}^{m_s} \left(k_{si}^{\alpha_i} l_{si}^{\beta_i}\right)^{\phi}\right)^{1/\phi} \tag{6-3}$$

上式表明,TFP_s 主要与要素在行业内均衡配置有关。已有文献,如龚关和胡关亮(2013)③充分讨论了厂商面临的扭曲主要由资本配置扭曲和劳动力配置扭曲导致。在此与龚关和胡关亮(2013)④设定一样资本产出扭曲和劳动

① 龚关、胡关亮:《中国制造业资源配置效率与全要素生产率》,《经济研究》2013 年第 4 期。

② Brandt L., Tomb T., Zhu X., Factor Market Distortions Across Time, Space and Sectors in China", *Review of Economic Dynamics*, Vol. 16, No. 1, 2013.

③ 龚关、胡关亮:《中国制造业资源配置效率与全要素生产率》,《经济研究》2013 年第 4 期。

④ 龚关、胡关亮:《中国制造业资源配置效率与全要素生产率》,《经济研究》2013 年第 4 期。

力产出扭曲为 τ_{si}^{k} 和 τ_{si}^{l}。于是企业利润最大化可以写成：

$$\max\ \{P_{si}\ TFP_{si}\ K_{si}^{\alpha_i}\ L_{si}^{\beta_i}-\tau_{si}^{k}\ RK_{si}-\tau_{si}^{l}\ wL_{si}\} \tag{6-4}$$

其中，R 和 w 为利息率和单位劳动报酬，P_{si} 为企业产品的价格。根据行业总体和企业利润最大化条件有产品定价公式：

$$P_{si}=(P_{s}^{\frac{1}{1-\phi}}Y_s)^{(\alpha_i+\beta_i)\ T_s}\ \overline{TFP_{si}}\times\lambda_s \tag{6-5}$$

其中，$\overline{TFP_{si}}=TFP_{si}^{T_s}\ (\tau_{si}^{k-\alpha_i}\times\tau_{si}^{l-\beta_i})^{T_s}$，$\lambda_s=\left[\left(\frac{\alpha_i}{R}\right)^{\alpha_i}\left(\frac{\beta_i}{w}\right)^{\beta_i}\right]^{T_s}$，$T_s=\frac{1-\varphi}{\varphi(\alpha_i+\beta_i)-1}$，$P_s$ 表示第 s 个行业的最终消费品的价格。据此可推导出资本和劳动力的均衡需求之比：

$$\frac{K_{si}}{L_{si}}=\frac{w\times\alpha_i\times\tau_{si}^{l}}{R\times\beta_i\times\tau_{si}^{k}} \tag{6-6}$$

于是我们结合行业利润最大化可推导出各行业企业的均衡要素需求：

$$K_{si}=K_s\frac{\left[\overline{TFP}_{si}^{\frac{1}{\phi-1}}TFP_{si}^{-1}\left(\frac{\tau_{si}^{l}}{\tau_{si}^{k}}\right)^{\beta_i}\right]^{\frac{1}{\alpha_i+\beta_i}}}{\sum_{i=1}^{m_s}\left[\overline{TFP}_{si}^{\frac{1}{\phi-1}}TFP_{si}^{-1}\left(\frac{\tau_{si}^{l}}{\tau_{si}^{k}}\right)^{\beta_i}\right]^{\frac{1}{\alpha_i+\beta_i}}} \tag{6-7}$$

$$L_{si}=L_s\frac{\left[\overline{TFP}_{si}^{\frac{1}{\phi-1}}TFP_{si}^{-1}\left(\frac{\tau_{si}^{k}}{\tau_{si}^{l}}\right)^{\alpha_i}\right]^{\frac{1}{\alpha_i+\beta_i}}}{\sum_{i=1}^{m_s}\left[\overline{TFP}_{si}^{\frac{1}{\phi-1}}TFP_{si}^{-1}\left(\frac{\tau_{si}^{k}}{\tau_{si}^{l}}\right)^{\alpha_i}\right]^{\frac{1}{\alpha_i+\beta_i}}} \tag{6-8}$$

由此可见，资源的均衡需求比是资源配置扭曲程度和要素单位价格的函数。进一步将式（6-7）和式（6-8）代入式（6-3）可得各行业的全要素生产率：

$$TFP_s=\left\{\sum_{i=1}^{m_s}\left[\left(\frac{\left[\left(\frac{\overline{TFP_{si}}}{TFP_{si}}\right)^{\frac{1}{\phi-1}}\left(\frac{\tau_{si}^{l}}{\tau_{si}^{k}}\right)^{\beta_i}\right]^{\frac{1}{\alpha_i+\beta_i}}}{\sum_{i=1}^{m_s}\left[\left(\frac{\overline{TFP_{si}}}{TFP_{si}}\right)^{\frac{1}{\phi-1}}\left(\frac{\tau_{si}^{l}}{\tau_{si}^{k}}\right)^{\beta_i}\right]^{\frac{1}{\alpha_i+\beta_i}}}\right)^{\alpha_i}\left(\frac{\left[\left(\frac{\overline{TFP_{si}}}{TFP_{si}}\right)^{\frac{1}{\phi-1}}\left(\frac{\tau_{si}^{k}}{\tau_{si}^{l}}\right)^{\alpha_i}\right]^{\frac{1}{\alpha_i+\beta_i}}}{\sum_{i=1}^{m_s}\left[\left(\frac{\overline{TFP_{si}}}{TFP_{si}}\right)^{\frac{1}{\phi-1}}\left(\frac{\tau_{si}^{k}}{\tau_{si}^{l}}\right)^{\alpha_i}\right]^{\frac{1}{\alpha_i+\beta_i}}}\right)^{\beta_i}\right]^{\phi}\right\}^{\frac{1}{\phi}}$$

(6-9)

在不存在资源错配的情况下,行业总体全要素生产率达到最优,则此时有 $\tau_{si}^{k}=\tau_{si}^{l}$,则潜在全要素生产率为:

$$TFP_s^{*}=\left(\sum_{i=1}^{m_s}\left(\frac{TFP_{si}^{\phi\frac{\alpha_i+\beta_i}{[1-\phi(\alpha_i+\beta_i)]}}}{\sum_{i=1}^{m_s}TFP_{si}^{\phi\frac{\alpha_i+\beta_i}{[1-\phi(\alpha_i+\beta_i)]}}}\right)^{\phi}\right)^{\frac{1}{\phi}} \tag{6-10}$$

于是借鉴海什和克莱诺(Hsieh 和 Klenow,2009)①的做法,将资源错配归结为全要素生产率的损失:

$$TFPlost_s=\frac{TFP_s^{*}}{TFP_s}-1 \tag{6-11}$$

$TFPlost_s$ 为资源错配所导致的全要素生产率的损失,所以在资源实现有效配置时,即为全要素生产率的潜在增长。另外,当 $\tau_{si}^{l}=1$ 时,可以测度资本配置扭曲程度;同理,当 $\tau_{si}^{k}=1$,可以测度劳动配置的扭曲程度。

二、数据说明和处理

资源错配的估算多发生在制造业领域,同时多数研究采取工业企业数据库(龚关和胡关亮,2013②;邵宜航等,2013,等③)。该数据库具有样本大、指

① Hsieh C.T., Klenow P.J.,"Misallocation and Manufacturing TFP in China and India", *The Quarterly Journal of Economics*, Vol. 124, No. 4, 2009.

② 龚关、胡关亮:《中国制造业资源配置效率与全要素生产率》,《经济研究》2013 年第 4 期。

③ 邵宜航、步晓宁、张天华:《资源配置扭曲与中国工业全要素生产率——基于工业企业数据库再测算》,《中国工业经济》2013 年第 12 期。

标多、时间长的特征，但同时也存在诸如指标缺失严重、指标大小异常、测度误差明显以及匹配混乱等问题（聂辉华和贾瑞雪，2011）①。同时工业企业数据库受制于时间的局限，较完整的区间为1998—2007年，之后的2008—2013年的数据由于统计口径的变化以及缺失严重，难以与之前数据形成完整的数据集。另外本章要以资源错配为核心估算未来中国经济潜在增长率，对时间维度的要求比较高，即需要对最新的资源错配导致全要素生产率的损失进行度量，从而保证预测经济潜在增长率的可靠性和可信度。所以在此我们选择上市公司的数据来计算企业全要素生产率，因为相比工业企业数据库，上市公司经审计后公开披露的数据的可靠性更高，同时数据的完整性、口径的统一性和时间的与时俱进都得到了保证。基于以上考虑，本章数据均来源于万得（Wind）和国泰安（CSMAR）数据库披露的中国A股公司数据，选取样本公司共有3601家；同时考虑新会计准则实施后的稳定时间维度，选择时间跨度为2007—2019年，样本观测值为45486个。同时在行业方面，依照证监会对上市公司行业的分类，只保留制造业行业，涉及29个二分位的细分行业。

在此，本章借鉴鲁晓东和连玉君（2012）②、黎文靖和胡玉明（2012）③、詹内蒂等（Giannetti 等，2015）④等相关计算上市公司全要素生产率的研究，通过估计以下对数柯布—道格拉斯生产函数得到上市公司全要素生产率的测度指标：

$$\ln Y_{sit} = \alpha_{0s} + \beta_{1s} \times \ln K_{sit} + \beta_{2s} \times \ln L_{sit} + \beta_{3s} \times \ln m_{sit} + \varepsilon_{sit} \tag{6-12}$$

其中，下标 i 表示上市公司，s 表示行业，t 表示年度。对于上式的计算，本

---

① 聂辉华、贾瑞雪：《中国制造业企业生产率与资源误置》，《世界经济》2011年第7期。

② 鲁晓东、连玉君：《中国工业企业全要素生产率估计：1999—2007》，《经济学（季刊）》2012年第2期。

③ 黎文靖、胡玉明：《国企内部薪酬差距激励了谁？》，《经济研究》2012年第12期。

④ Giannetti M.，Liao G.，Yu X.，"The Brain Gain of Corporate Boards：Evidence from China"，*Journal of Finance*，Vol. 70，No. 4，2015.

书选择 LP 方法(Levinsohn 和 Petrin,2003)①的半参数估计方法,因为龚关和胡关亮(2013)认为相对于 OP 方法(Olley 和 Pakes,1996)②,LP 方法在解决内生性问题和代理变量有效性方面更有优势。于是上式涉及的变量:

产值(Y)。由于上市公司并未公布各公司的增加值或是总产值,所以在此选择"营业收入"衡量总产出,并用工业品出厂价格指数近似计算实际值。

资本(K)。在此借鉴钱雪松等(2018)③、谢攀和林致远(2016)④的方式,选择上市公司"固定资产净值"来代表资本存量,用固定资产价格指数进行平减。

劳动力(L)。用公布的各企业"员工总数"衡量企业雇佣劳动力的数量。

中间投入(M)。在此借鉴詹内蒂等(Giannetti 等,2015)⑤、钱雪松等(2018)⑥,采用上市公司"购买商品、接受劳务支付的现金"来测度。

劳动力成本(w)和资金成本(R)。对于劳动力成本,运用上市公司的现金流量表中"支付给职工以及为职工支付的现金"表示支付给员工的所有的劳动报酬和福利,采取用 CPI 指数进行平减,并利用"单位劳动成本=支付给职工以及为职工支付的现金/员工总数"近似得到单位劳动成本。对于资金成本,借鉴谢攀和林致远(2016)⑦的处理方式,计算公司"利息支出/(短期借

① Levinsohn J., Petrin A., "Estimating Production Functions Using Inputs to Control for Unobservables", *The Review of Economic Studies*, Vol. 70, No. 2, 2003.

② Olley G.S., Pakes A., "The Dynamics of Productivity in the Telecommunications Equipment Industry", *Econometrica*, Vol. 64, No. 6, 1996.

③ 钱雪松、康瑾、唐英伦、曹夏平:《产业政策、资本配置效率与企业全要素生产率——基于中国 2009 年十大产业振兴规划自然实验的经验研究》,《中国工业经济》2018 年第 8 期。

④ 谢攀、林致远:《地方保护、要素价格扭曲与资源误置——来自 A 股上市公司的经验证据》,《财贸经济》2016 年第 2 期。

⑤ Giannetti M., Liao G., Yu X., "The Brain Gain of Corporate Boards: Evidence from China", *Journal of Finance*, Vol. 70, No. 4, 2015.

⑥ 钱雪松、康瑾、唐英伦、曹夏平:《产业政策、资本配置效率与企业全要素生产率——基于中国 2009 年十大产业振兴规划自然实验的经验研究》,《中国工业经济》2018 年第 8 期。

⑦ 谢攀、林致远:《地方保护、要素价格扭曲与资源误置——来自 A 股上市公司的经验证据》,《财贸经济》2016 年第 2 期。

款+长期借款)"这一比率来刻画企业占用资本而付出的成本。

主要变量的描述统计见表 6-1。

表 6-1　主要变量的描述统计

变量	均值	标准差	最小值	最大值
$\ln Y$	21.18	1.590	9.040	28.69
$\ln K$	19.98	1.860	7.200	27.32
$\ln L$	7.510	1.430	1.100	13.22
$\ln M$	20.69	1.760	8.210	28.63
w	150000	910000	0	1.000×10^{8}
R	0.0700	2.540	0	254.1

三、参数设定

基于上述测度框架,要测算中国资源错配程度对全要素生产率的影响,需要对一些关键变量赋值:参考海什和克莱诺(Hsieh 和 Klenow,2009)①对行业替代弹性的设置,设 $\phi=\frac{2}{3}$。同时根据式(6-8)和式(6-9)可知,τ_{si}^{k}、τ_{si}^{l} 同比例不会影响 k_{si} 和 l_{si} 的测算结果,同样不会影响 TFP_{s} 的测算结果。在此我们只需要找到 τ_{si}^{k} 和 τ_{si}^{l} 之间的比例关系,根据式(6-6)可得:$\tau_{si}^{k}\propto\frac{\alpha_{i}Y_{si}^{nor}}{K_{si}}$、$\tau_{si}^{l}\propto\frac{\beta_{i}Y_{si}^{nor}}{L_{si}}$。其中 $Y_{si}^{nor}=P_{si}Y_{si}$ 表示企业的名义产出。由于获得各行业的商品定价十分困难,在此借鉴布兰特等(Brandt 等,2013)②,将上述 TFP_{si} 的测算方法改为:

① Hsieh C.T., Klenow P.J., "Misallocation and Manufacturing TFP in China and India", *The Quarterly Journal of Economics*, Vol. 124, No. 4, 2009.

② Brandt L., Tomb T., Zhu X., Factor Market Distortions Across Time, Space and Sectors in China", *Review of Economic Dynamics*, Vol. 16, No. 1, 2013.

$$TFP_{si} = \frac{Y_{si}^{nor}}{P_i\ K_{si}^{\alpha_i}\ L_{si}^{\beta_i}} \times \left(\frac{Y_{si}^{nor}}{\sum_{i=1}^{m_s} Y_{si}^{nor}} \right)^{\frac{1-\phi}{\phi}} \propto \frac{Y_{si}^{nor}}{K_{si}^{\alpha_i}\ L_{si}^{\beta_i}} \times \left(\frac{Y_{si}^{nor}}{\sum_{i=1}^{m_s} Y_{si}^{nor}} \right)^{\frac{1-\phi}{\phi}} \tag{6-13}$$

在此虽然 P_i 不可获得,但是它是跨行业的变量,不会影响本章的估算结果。

第三节　中国资源重新分配对制造业潜在全要素生产率的影响

一、要素产出弹性的测算及分析

对于估算中国要素重新分配对制造业潜在全要素生产率的影响,我们首先需要估计并分析要素的产出弹性。

图 6-1 描绘了各行业资本产出弹性和劳动力产出弹性的核密度估计图,该图可以反映各行业要素弹性的分布:(1)劳动力产出弹性相对资本产出弹性,“左偏”更严重,说明整体来说各行业劳动力产出弹性要普遍小于资本产出弹性。这进一步印证了中国制造业依靠资本投入驱动的特征更为明显;

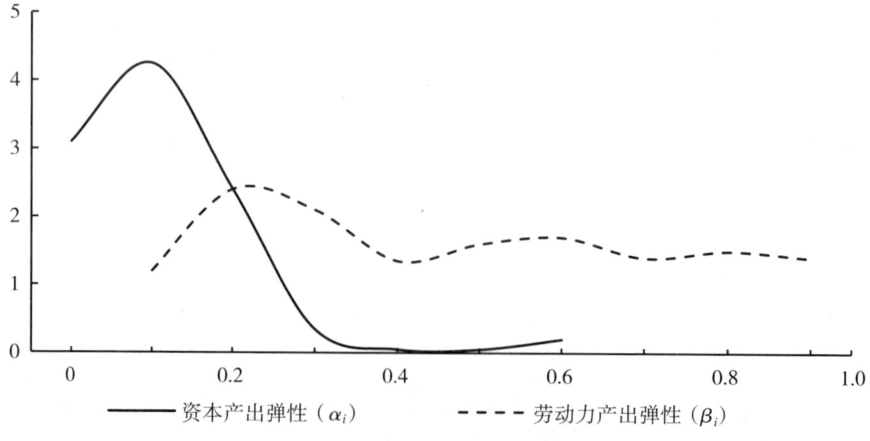

图 6-1　要素产出弹性的分布

（2）资本产出弹性"向右"拖尾更为严重，说明各行业资本弹性差异较大，制造业行业异质性使资本产出弹性呈现明显的分化特征。

表6-2显示了各行业要素产出弹性的具体情况：（1）资本产出弹性较高的行业，多为资源型行业和重型装备制造业，也符合这类行业资本密集型的特征；资本产出弹性相对较低行业均为劳动密集型、低技术和资本密集度的行业，这些行业接近完全竞争市场，竞争最充分。（2）劳动力产出弹性较高的行业集中在食品加工、轻纺和木材制品加工行业，此类行业均是使用劳动力数量较多且中低技术水平的行业；相比劳动力产出弹性较低的行业，既包含资源型加工制造业，也包含资本密集和技术密集的高端装备制造业。

表6-2　要素产出弹性的行业分布

系数	均值	较大的5个行业	较小的5个行业
α_i	0.3368	酒、饮料和精制茶制造业 电气机械及器材制造业 有色金属冶炼及压延加工业 非金属矿物制品业 石油化工、炼焦及核燃料加工业	仪器仪表制造业 其他制造业 家具制造业 皮革、毛皮、羽毛及其制品和制鞋业 文教、美工、体育和娱乐用品制造业
β_i	0.1129	农副食品加工业 纺织业 皮革、毛皮、羽毛及其制品和制鞋业 木材加工及木竹、藤、棕草制品业 文教、美工、体育和娱乐用品制造业	黑色金属冶炼及压延加工业化学纤维制造业 铁路、船舶、航空航天和其他运输设备制造业 石油加工、炼焦及核燃料加工业 橡胶和塑料制品业

综上，依据上市公司数据测算的各行业的产出弹性基本符合行业的特征属性。在此基础上进一步对资源错配程度进行计算。

二、资源错配程度的计算以及对全要素生产率损失的分析

在此我们作出中国整体随时间演变的资源错配程度（见图6-2）。可以看出：（1）随着时间的推移，十年间中国资源配置扭曲的程度均在波动中下

降,且资本配置扭曲、劳动力配置扭曲以及资源配置总扭曲程度呈现同趋势态势,这说明中国制造业企业资源配置扭曲现象普遍存在,但随着时间推移,这种扭曲在逐步改善;(2)两种资源配置扭曲程度相比,劳动力配置扭曲程度要高于资本配置扭曲程度,与资本相比,劳动力市场分割更为严重,所以造成的扭曲要高于资本扭曲和总扭曲程度。

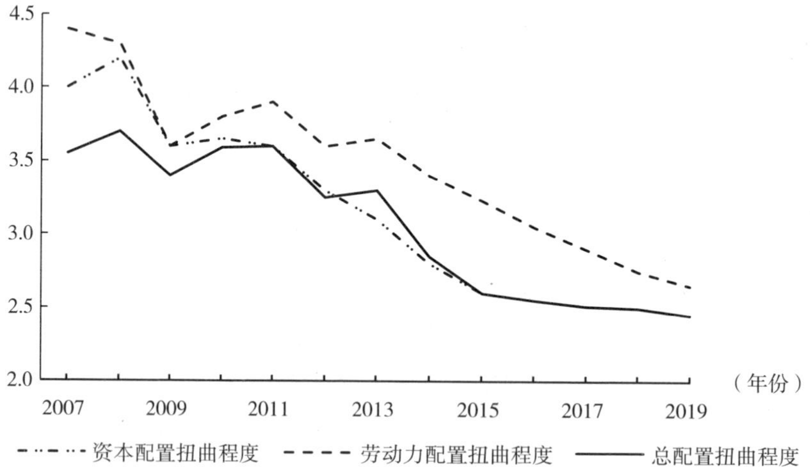

图 6-2　2007—2019 年中国资源错配的程度

我们进一步计算资源错配造成全要素生产率的损失情况,见表 6-3。2007 年如果资本和劳动力都达到有效配置,我国行业平均全要素生产率提升 19. 32%。其中资本和劳动力贡献相当,如果 2007 年资本得到有效配置可使行业平均全要素生产率提升 9. 67%,而如果劳动力得到有效配置,这一数字为 9. 89%。经过 10 多年的演化,随着资源错配程度的降低,2019 年如果资本和劳动力要素得到有效配置,我国行业平均全要素生产率可以提高 16. 88%,由此可见,随着时间推移,由于资源错配带来的行业全要素生产率的损失,呈现下降的态势。另外,我们借鉴已有文献的研究方法,以各行业增加值占当年工业行业增加值的比重为权重,对历年资源错配进行修正,得到修正后的全要素生产率损失(修正后的全要素生产率潜在增长),见表 6-3。经过修正后,全要素生产率损失要比之前的大，资本和劳动力配置扭曲带来的行业平均全要素生产率的损失略有上升，但整体资源配置有效后造成的全要素生产率改善的态势呈逐年下降趋势，这与修正之前的结果类似，即随着资源配置扭曲程度的改善，对行业全要素生产率造成的损失在减弱。

表 6-3　2007—2019 年中国资源错配导致的全要素生产率损失结果

（单位：%）

年份	全要素生产率损失（全要素生产率潜在增长）			修正后的全要素生产率损失（全要素生产率潜在增长）		
	TFPlost_K	TFPlost_L	TFPlost	TFPlost_K	TFPlost_L	TFPlost
2007	0. 0967	0. 0989	0. 1932	0. 0987	0. 1009	0. 1971
2008	0. 0912	0. 0932	0. 1891	0. 0930	0. 0951	0. 1929
2009	0. 0887	0. 0899	0. 1845	0. 0905	0. 0917	0. 1882
2010	0. 0876	0. 0892	0. 1856	0. 0894	0. 0910	0. 1893
2011	0. 0865	0. 0888	0. 1852	0. 0882	0. 0906	0. 1889
2012	0. 0824	0. 0846	0. 1801	0. 0841	0. 0863	0. 1837
2013	0. 0813	0. 0832	0. 1786	0. 0829	0. 0849	0. 1822
2014	0. 0772	0. 0798	0. 1774	0. 0788	0. 0814	0. 1810
2015	0. 0765	0. 0787	0. 1779	0. 0780	0. 0803	0. 1815
2016	0. 0722	0. 0756	0. 1767	0. 0737	0. 0771	0. 1803
2017	0. 0711	0. 0745	0. 1703	0. 0725	0. 0760	0. 1737
2018	0. 0703	0. 0728	0. 1694	0. 0712	0. 0754	0. 1720
2019	0. 0692	0. 709	0. 1688	0. 0708	0. 0742	0. 1701

第四节　资源错配纠正情形下中国经济增长潜力的估算

在第三章基准模型中我们估计了规模报酬不变情形的潜在产出和产出缺

口,中间涉及基准潜在全要素生产率的估计。在此我们以基准模型中,规模报酬不变情形下的潜在全要素生产率为基础,同时上节有关行业资源配置改善后的行业平均潜在全要素生产率的改善幅度,我们已经测算出来,在此我们认为行业潜在全要素生产率的改善会显著提升中国整体宏观层面的潜在全要素生产率,所以运用上述结果计算出资源配置改善后的潜在全要素生产率,并计算出资源配置改善后潜在全要素生产率的增长率,具体见表 6-4。

表 6-4　2007—2019 年资源错配纠正后潜在全要素生产率改善的结果

年份	基准潜在全要素生产率	要素配置改善后的潜在全要素生产率	要素配置改善后潜在全要素生产率增长率(%)
2007	0. 901	1. 079	—
2008	0. 935	1. 115	0. 037
2009	0. 959	1. 139	0. 024
2010	0. 988	1. 175	0. 036
2011	1. 023	1. 216	0. 041
2012	1. 058	1. 253	0. 036
2013	1. 086	1. 284	0. 031
2014	1. 110	1. 311	0. 027
2015	1. 143	1. 350	0. 040
2016	1. 171	1. 382	0. 032
2017	1. 202	1. 411	0. 029
2018	1. 246	1. 460	0. 050
2019	1. 273	1. 490	0. 029

根据上文分析可以看出,从 2007 年开始到 2019 年的 10 多年,由于资源配置效率改善带来的潜在全要素生产率平均增速为 3. 4%,我们认为在考虑资源配置改善的视角下,2021 年之后全要素生产率增速不再为基准状态下的

2%，而是3.4%。据此可估算出考虑资源配置改善后的2021—2035年中国全要素生产率的增长趋势，其他各类要素预测与基准状态一致，于是可得到2021—2035年资源错配纠正后中国经济增长潜力（各类要素预测结果及变化见表6-5）。

表6-5　面向2035年中国经济增长潜力预测：资源错配纠正情形下

（单位：%）

年份	资本存量增速	潜在劳动力增速	劳动力质量增速	全要素生产率增速		经济潜在增速	
				基准模型	矫正资源错配	基准模型	矫正资源错配
2021	7.0	-0.49	1.300	2.00	3.40	4.5	5.9
2022	6.8	-0.49	1.300	2.00	3.40	4.4	5.8
2023	6.6	-0.49	1.300	2.00	3.40	4.3	5.7
2024	6.4	-0.49	1.300	2.00	3.40	4.2	5.6
2025	6.1	-0.57	1.300	2.00	3.40	4.0	5.4
2026	5.9	-0.57	1.300	2.00	3.40	3.9	5.3
2027	5.7	-0.57	1.300	2.00	3.40	3.8	5.2
2028	5.5	-0.57	1.300	2.00	3.40	3.7	5.1
2029	5.3	-0.57	1.300	2.00	3.40	3.6	5.0
2030	5.1	-0.57	1.100	2.00	3.40	3.5	4.9
2031	4.9	-0.65	1.100	2.00	3.40	3.4	4.8
2032	4.6	-0.65	1.100	2.00	3.40	3.3	4.7
2033	4.4	-0.65	1.100	2.00	3.40	3.2	4.6
2034	4.2	-0.65	1.100	2.00	3.40	3.1	4.5
2035	4.0	-0.65	1.100	2.00	3.40	3.0	4.4

通过表6-5可以看出：相比基准状态下，考虑资源错配扭曲后，在2030年前中国经济潜在增长率能保持在5%以上，之后虽有下滑但持续到2035年中

国经济增长潜力年均增速保持在 4.5%以上,由此可见中国还将维持住一段时间的中速增长。同样,在考虑资源错配矫正后,整体来说比基准情况下增长潜力要更充分,所以这一结果也对未来中国经济增长潜力的开发思路更具启示意义。

基于资源错配的视角,本章考察了资源配置效率改善对全要素生产率的提升作用。特别是以微观企业数据为重点测度了 2007—2019 年中国资源错配程度以及对全要素生产率造成的损失,从而得出资源配置效率改善后的潜在全要素生产率的增长率,在此基础上测算了中国未来的经济增长潜力,发现:虽然中国未来增长潜力仍会出现不可避免的下滑,但考虑资源错配纠正的可能性后,中国直到 2035 年仍有望保持 4.5%以上的中速增长。所以新发展阶段下的中国既要保持一定增长率,同时又要实现高质量的发展,改善当前的资源配置效率是提高生产率和人均收入最可行的途径。同时 2020 年 5 月《中共中央、国务院关于新时代加快完善社会主义市场经济体制的意见》正式发布,意味着新一轮经济体制改革"路线图"新鲜出炉。2020 年 4 月初发布的《中共中央、国务院关于构建更加完善的要素市场化配置体制机制的意见》也第一次系统描绘了要素市场化配置的机制。由此可见,新时代完善要素市场化配置体制机制的"行动指南"已被描绘。党的二十大也进一步强调"充分发挥市场在资源配置中的决定性作用",所以未来要实现新一轮经济增长潜力的开发,关键在于:

第一,推进要素市场化改革,使市场在资源配置中起决定性作用。要素市场化改革进程迟滞是导致要素价格扭曲的重要原因,所以要让市场机制成为配置资源的基本形式。一是在资本市场,中国由于金融体系体制机制的缺陷,存在所有制的信贷倾斜、对小微企业的信贷歧视以及行为定价等问题,使市场在资本要素资源配置中没有起到决定性作用。所以要推进资本市场的市场化改革,一方面要放开政府对资本要素价格的控制,降低进入退出的门槛,特别是针对金融领域垄断程度较高、融资渠道较单一、监管机制不适应金融业快速发展的事实，进一步深化金融机构特别是国有控股商业银行改革，提升社会资本持股比例，积极促进民营银行的发展，积极发展一大批社区银行、村镇银行，以形成结构合理、功能互补的银行业生态体系。另一方面要大力发展多层次资本市场，在继续完善主板、中小企业板和创业板市场的基础上，积极探索覆盖全国的各类产权交易市场、“大资产管理公司”等。除此之外更为重要的是改革金融业监管体系，加强不同监管部门的统一领导与相互协调，合理界定中央和地方金融监管职责，从而营造公平的竞争环境，构建规范有序的资本市场体系。二是在劳动力市场，随着我国人口红利的减退和老龄化社会的到来，一方面要调整人口政策，深入挖掘人口潜力、提升人力资本质量；另一方面要完善与人口流动密切相关的户籍制度改革、社会保障制度改革、基本公共服务均等化等，尽快真正形成全国统一、开放、竞争、有序的劳动力市场。三是在土地市场，长远谋划、审慎推进土地制度改革，一方面以农村土地改革为土地市场化改革的突破口，核心在于提升农村土地的使用效率，即明确集体经营性建设用地入市、农民承包地流转以及宅基地有偿使用等政策的推行原则和方式，通过权责明晰、还权赋能来推进农村土地制度改革；另一方面相比农村土地制度的完善，城市土地制度改革方向是以市场化改革为核心，以精细化为特点，根本在于盘活土地存量资源，提升土地利用效率。具体来说，一方面加快市场建设步伐，培育更加成熟的土地二级市场，特别是健全土地二级市场的交易规则，优化交易流程，打破影响土地二级市场交易的壁垒和瓶颈，促进土地市场健康发展；另一方面完善对土地市场的监管制度，特别是应逐步调整现阶段一次性收取土地出让金的做法，探索兼顾国家、集体、个人的土地增值收益分配的长效机制，从而减少土地出让中的寻租空间，提升土地市场运行的透明度，提升土地资源的利用效率。总之，完善要素市场核心关键在于限制和取消各级政府的过度干预，政府需要彻底从生产活动参与者、具体行为人和利益分享者转变为服务者、监督者、引导者的角色，实现政府职能的转变，还市场于企业、个人等微观主体，逐步体现这类市场参与者的主体性地位。

第二,破除行政垄断、持续推进国企改革,最大限度地发挥市场决定价格的作用。行政性垄断是指滥用行政权力排除、限制竞争的行为,表现为行政强制交易、地方保护主义、不当干预企业生产经营等形式。破除行政垄断是纠正资源错配的关键,本质上是处理好政府和市场的关系。一方面需要将依法依规作为治本之策,健全相关法律制度并加大执法力度,为破除行政性垄断提供法律依据和准绳;另一方面需要落实公平竞争审查制度,出台公平竞争审查工作细则,并逐步清理和废除妨碍市场公平竞争和统一市场建设的相关规定和做法。与此同时,促进政府职能的转变,改善行政审批制度,放权让利、放宽准入、公平竞争,允许各种资本在更多的行业中自由进出,切实做到"让利于民(企)"。其中对于资源错配的纠正,最为关键的在于打破垄断部门对要素的垄断定价权,特别是对垄断部门凭借垄断特权参与垄断收益分成要予以严厉打击和取缔,杜绝公共权力对要素收入分配的侵蚀,促进公平竞争,主动强化维护,加强监督监管,真正消除行政性垄断滋生的土壤。另外要持续推进国有企业改革,改变公有和集体资本挤占私有资本生存空间的局面,增加并拓宽私有资本准入领域;同时完善国企公司法人治理结构,使国有企业成为真正意义上的市场经济主体,通过竞争等手段平等获得要素资源,优化资源在不同所有制间的平衡配置。

第三,完善经济体制改革和机制创新,减少资源在不同部门间的无序配置。中国资源错配既有发展中国家均有的结构缺陷的原因,同时还有转轨国家制度安排不完善的原因。中国作为转轨经济体特有的户籍政策、区域政策等制度使资源难以在不同地区、不同行业和不同部门间自由流动和合理配置,这进一步成为造成地区差异以及要素收入差距的重要因素之一。鉴于此,要纠正资源配置扭曲,核心在于重新认识实体经济的主角是企业和个人,将政府的"权力关进笼子"里,纠偏地方政府的行为,政府职能不应超出引导、监督、调控和服务的范畴。通过破除体制和机制的障碍,改革不合时宜的制度安排,减少资源在不同部门间的无序配置,促进要素从低效率的部门向高效率的部门自由流动和转移,从而以改革的手段提高资源的资源效率。

第四,降低市场分割,打破市场壁垒,加强区域协调以减少区域间的封锁和同质竞争。减少资源在地区间的错配,关键在于尊重市场、竞争优先理念的实践。即需要立足全局,促进区域协调发展,而区域协调的核心之义在于加快建设统一开放、竞争有序的市场体系,打破行政壁垒,消除地区封锁,推动各地区比较优势的发挥,从而形成分工有序的区域良性发展机制。随着“京津冀协同发展”“长江经济带”“一带一路”政策推出,在打破阻碍资源自由流动的行政壁垒时,需统筹规划、加强顶层设计、科学谋划,减少区域之间的利益冲突,增加区域之间的利益分享,优化分工格局。根据不同区域发展的特点实施更加细化的区域发展政策,优化经济发展空间格局:西部地区需要转变思路,推进西部大开发战略,强化深度开发模式,支持落后地区、薄弱领域探索特色发展模式,强化内生开发模式。东北地区需要破解曾经作为东北老工业基地遗留的深层次体制机制问题,激发市场活力,营造以市场为导向的健康的、持续改善的营商环境,促进政府职能转变,推动经济转型升级。中部地区应发挥承接东部、沟通西部的地缘优势,实施体制机制创新驱动发展战略以及内陆开放型经济战略,为中部发展增加内原动力并提供外部驱动力。东部地区要继续发挥中国经济“领头雁”的作用,通过结构升级和创新驱动,打造中国开放型经济升级版,发挥其促进结构调整和转型、带动中西部发展的引领和辐射作用。总之,中国各区域应在优势互补、互利共赢的基础上,形成分工有序、错落发展、有所侧重、均衡协调的区域发展新格局,为全国统一市场的形成、公平竞争环境的建立以及地区行政壁垒的消除打下基础。并在统一大市场的框架下,推进区域资本、人力资源、土地、技术、信用服务等市场的建设,从而促进生产要素在区域间的顺畅流动和优化配置。

第七章　开发中国经济增长潜力的路径探讨

第一节　开发中国经济增长潜力的路径

一、增长动力转变:构建以创新为先导的新动能并培育壮大

改革开放以来,中国经济增长离不开劳动力、资本、土地等要素的大量投入,随着经济的深入发展,我国已步入中等收入国家,面临着人口红利逐渐消失、资源产出率降低等问题,单纯依靠要素驱动已不能支撑经济的平稳快速发展,因此,中国亟须推动增长动力的转变。面对全球新经济蓬勃发展以及自身在国际分工中角色转变的大变局,党的十九大提出将“创新”作为首位的“新发展理念”、党的十九届四中全会“生产七要素”(数据作为新型生产要素首次被提出)的表述、党的十九届五中全会提出“加快数字化发展”来构建国内外双循环相互促进的新发展格局以及党的二十大提出的推进“中国式现代化”建设,均为新时代中国经济发展着力点指明了方向。

由于中国属于技术后发型国家,需要从追赶其他国家的技术到依靠自身力量在技术层面进行创新,因此,独特的技术进步方式恰恰也构成了我国独特

的增长路径，在改革开放初期，中国处于技术创新起步阶段，虽然占有自然资源优势，但是也受制于资本、人才和各类其他要素有限的客观条件，效能发挥不足，创新能力的提升对经济增长的贡献十分有限。在政府的支持下，通过技术选择、引进、消化吸收，技术引进的边际效应在中国得到较好的发挥，转变为实际产能，从而带来了经济的高速增长。在当前发展阶段，随着中国技术创新能力与技术先发国之间的差距逐步缩小，单纯依靠技术引进所带来的边际利好呈现出递减的趋势，经济增长速度随之下降，呈现中高速增长状态。此时，如果还执迷于传统的技术引进、消化和改进路径，则会陷入"引进—追赶—落后"的"动态跟随"陷阱，从而使经济增长面临停滞风险。若在技术追赶的后发优势发挥殆尽后，及时从技术追赶向技术前沿阶段转换，即通过国家自主创新和创造来实现向技术前沿的跃进，直至引领新的世界前沿技术水平，从而可以创造性地开发经济体增长潜力。

鉴于此，新发展阶段经济增长基本驱动应从要素驱动转变为创新驱动：创新驱动需要依靠采用新工艺、开发新产品、创新组织方式、开拓新市场、再造新流程、提高劳动者技能等方式促进技术进步，从而推动经济的增长。创新驱动的核心是要保持技术的领先：一方面，从供给角度看，技术进步有利于创造出新的商品与服务，这推动了新产业的发展，从而创造新的经济增长点。随着技术的不断进步，直接从供给方创造了新的产品，这也催化了与以往不同的生产组织方式的出现，长期积累之下，能够形成新兴产业。同时，技术进步也使原本的工业部门得到了改进，不仅原本产品的质量得到了提高，而且加速了商品的变更。另一方面，在需求方面，技术的更新发展也容易吸引消费者出现新的生产与生活需求，调整各种需求的比例，刺激消费进一步增长。消费的升级引致供给的改善，从而进一步在生产领域引致新产品、新工艺的层出不穷。同时，创新驱动经济增长还可以依靠提高经营水平、开发新的组织形式和管理方法、运用创新决策手段等来为经济增长提供动力。通过组织管理方式的创新，依据科研、技术和人才优势对这些要素进行整合，最大限度地将科研成果转化,提高劳动力的质量,激发相关人员的生产积极性,减少对资源与优秀人才的浪费。

随着第四次工业革命的兴起,各国在信息网络空间竞争加剧,均在抢占数字和信息网络竞争的新高地,所以数字经济和信息网络空间的治理能力现代化成为重塑国家竞争优势的新动力。未来要抓住新一轮科技革命和产业变革中形成的经济社会发展新动力,构建以创新为先导的新技术、新产业、新业态、新模式培育体系。更为关键的是,以国家创新体系建设为引领、以自主创新为根本,构筑新型的国家创新生态系统(安同良和姜妍,2021)①。新型国家创新生态系统的特色在于以大国博弈战略视野引领创新,整合新型举国体制的优势和开放共赢的全球资源优势,强化企业在科技创新中的主体地位,加快面向前瞻性、原创性基础科学问题和事关国家安全核心技术突破的多维协作创新体制建设,探索通过有组织、有战略布局的创新来加速基础研究与核心技术供给的强国路径,从而逐步破解"卡脖子"技术的困境。

二、增长机制革新:促进以产业升级为抓手的新模式形成

推动未来中国经济增长新动能的开发,不仅仅要依靠创新带来的技术进步,同样需要依靠结构向上演进带来的增长潜力开发。在经济发展不同阶段,由于技术发展进程的改变、消费者消费方向和消费比例的改变、从事生产的劳动者个人素质的提升以及资源配置方式改善,第一、第二、第三产业的结构在不断调整和演化,最终达到资源优化配置的目的。进一步地,产业结构还需要向上升级,核心是产业结构要从劳动密集型为主的产业向技术、知识密集型为主的产业转变。中国的经济发展需要遵从这一规律,关键在于促进产业结构合理化和产业结构高级化,最终实现产业结构促进增长机制的革新。

产业间不同产业之间主要位置的变化可以促进产业结构向高级化的方向

① 安同良、姜妍:《中国特色创新经济学的基本理论问题研究》,《经济学动态》2021年第4期。

发展。首先,产业发展的轨迹是沿着第一产业、第二产业、第三产业占主要位置依次演进的。其次,不同类型的产业发展是从劳动密集型产业为主向资本密集型产业为主再向技术密集型产业为主发展的。再次,从一个产业创造的价值来看,产业发展还会从附加值小的产业朝着附加值大的产业演进。最后,产业一般还会沿着加工程序简单的产业向加工程序复杂的产业发展。这四点共同组成了产业结构高级化的四个表现形式。

产业向上演化的高级化过程促进增长机制革新的路径:一是产业结构高级化,通过调整自然资源、劳动力、资本等生产要素在第一产业、第二产业、第三产业的分配比例,将以劳动密集型产业为代表的传统低级结构转化成知识、技术密集型产业为主的高级结构,防止对日益枯竭的自然资源与人口红利的过度依赖,使增长机制得到可持续革新。二是产业结构高级化,通过创新促进创业,创造新的经济增长点,拉动经济增长。产业结构的合理化与高级化相互影响,并在技术创新的催化下同步实现变革。升级的生产方式和新技术的出现往往带来的是新产业和新产品类型的呈现,新产业和产品类型的出现又会为社会提供巨大的就业需求。此外,产业结构的升级同时也会淘汰大量落后产能,使一部分产业内的传统产业或部门面临退出或者转型,进而释放出大量的经济要素,为创业者提供更多创业所需的资源,如资本或人力等。三是产业结构高级化可以打破固有的市场格局,建立新秩序。产业结构高级化所带来的变动会引起供给结构和需求结构的双重变动,从而使原本均衡的市场出现波动变化。当原有市场秩序被打破而新的秩序尚未建立之时,传统企业面临退出市场的压力,新企业进入市场的机会增加,虽然这些波动会带来市场短期的不稳定与企业经营风险的上升,但是更有利于打破部分领域的垄断,促进市场竞争,淘汰落后产能。

三、增长空间拓展:加大以区域整合为思路的新路径探索

受我国自然地理条件、省级行政区划分、文化差异等诸多因素的影响,自

新中国成立以来,我国区域经济发展呈现出较大的差异,形成了明显的区域分化。从长远来看,长期的区域分化会使市场范围局限在区域内,不利于市场的扩张,使资源在全国范围无法达到最优配置。因此,加强区域经济整合,促进区域经济协调发展,合理布局生产力,不仅对解决我国区域经济发展不平衡的问题大有益处,而且在这其中会拓展增长空间,释放增长潜力。

改革开放初期,邓小平同志就提出了"两个大局"的统筹区域协调发展思想:第一个大局是加快东部沿海地区对外开放,使之先发展起来,中西部地区要顾全这个大局;第二个大局是20世纪末达到小康水平时,要拿出更多力量帮助中西部地区加快发展,东部沿海地区也要服从这个大局。党的十六届三中全会调整为"统筹城乡发展、统筹区域发展、统筹经济社会发展、统筹人与自然和谐发展、统筹国内发展和对外开放"这五个统筹,党的十九大报告又进一步把区域协调发展作为国家战略,强调要"加大力度支持革命老区、民族地区、边疆地区、贫困地区加快发展,强化举措推进西部大开发形成新格局,深化改革加快东北等老工业基地振兴,发挥优势推动中部地区崛起,创新引领率先实现东部地区优化发展,建立更加有效的区域协调发展新机制"。党的二十大报告又进一步强调"深入实施区域协调发展战略、区域重大战略、主体功能区战略、新型城镇化战略,优化重大生产力布局,构建优势互补、高质量发展的区域经济布局和国土空间体系。推动西部大开发形成新格局,推动东北全面振兴取得新突破,促进中部地区加快崛起,鼓励东部地区加快推进现代化"。鉴于此,区域整合路径的设计要从制度安排和市场机制两个层面考虑:既要市场追求效率,政府也应该更多地关注公平。从整体的、全局的视角统筹区域的发展,正确分析每个区域应当承担的主要功能,使区域之间可以实现经济方面比较优势的相互补充,明晰了各个区域的主要功能,逐渐完成不同区域之间公共方面的服务同质同量。

施行区域发展总体战略,使区域之间可以实现经济优势互补,让资源更好地配置,加强区域之间的交流合作,最终实现区域差距的不断减小。政府应当把西部大开发战略摆在整个国家发展规划的重要地位,注重西藏、青海、新疆、甘肃等地区在资源方面的比较优势并很好地加以利用,并坚持依托市场将资源转化为经济增长的动能。深化国有企业改革,大力发展非公有制经济和中小企业;建设稳固的国家粮食战略基地;促进资源枯竭地区转型发展,增强资源型城市可持续发展能力。关注中部地区发展问题,利用其地理区位上的交通优势,沟通东西两个地区,从而实现产业规模在全国范围内的扩大。为企业投资提供良好的营商环境,便于 FDI 在我国向中西部的转移。加强劳动力等要素的集中,发挥邻近地区联动的作用。坚定地走东部地区优先发展之路,将其建设成对整个经济发展具有引领示范功能的地区,对外加强与其他国家的经济交流合作,优先试验政策方针,改变升级原有的产业结构。最后,关注少数民族聚集地区的扶贫问题,从基础设施建设、绿色环保、基本生活保障等多个方面入手,进行发展规划与扶持。

四、增长基础提升:夯实以资源优化配置为根基的新条件支撑

资源错配会对全要素生产率提升产生显著的影响,纠正资源错配,即改善资源配置效率,关键在于纠正市场失灵和纠正政府失灵。其中信用市场不完善、市场实力不均衡以及市场失灵的诸多因素造成的市场失灵,和不合理的所有制结构、政府偏向的补贴以及政府混乱的规则带来的政府失灵都会对经济增长产生负面影响。所以着眼于制度变革和体制改革,以市场机制完善为核心、政府机制改革为内容的资源配置方式的改善,会使资源配置回归于市场,市场发挥决定性配置作用同时配合于政府发挥自身作用,继而达到矫正资源配置扭曲、提高生产效率的目的。

中国的资源错配是多维度的,具体存在企业间、行业间、地区间三个方面。对于资源配置扭曲的矫正,关键在于矫正配置资源的具体方式,即通过制度变革矫正市场失灵和政府失灵,从而有效降低微观主体、中观主体、宏观主体之间(企业间、行业间、地方政府间)的资源错配的发生,释放制度红利,全面改

善中国整体的资源配置效率,进而提高全要素生产率。

具体来说:一是对具体资源错配进行因地制宜、因业制宜的差异化治理。根据具体的企业间、行业间和地方政府间的资源错配程度不同,因地制宜、因业制宜、因需制宜地制定纠偏政策,对于资源错配最严重、最突出的行业和领域应予以优先治理。对各行业和企业的错配原因要深入探究,提出差异化的治理策略,避免"一刀切"的资源错配治理政策。二是注意降低调整成本对资源错配的不利影响。正是调整成本的存在使生产率波动时市场无法及时调整,市场非出清造成资源错配,对这类资源错配的治理,关键在于多措并举地降低调整成本。其中政府要发挥补充市场的职能,为企业提供平稳良性的经营环境,采取必要的补贴政策,从而降低市场缺陷造成的效率损失;另外企业自身要适时根据环境变化进行调整,减少惯性发展。三是形成多渠道降低资源错配的长效机制。从企业、行业、地区特征三个方面同时入手降低资源错配:在企业层面,对面临严重要素市场错配的企业,可以实施一定的补贴以及伸出扶助之手。对国有企业来说,需要积极推进国有企业混合所有制改革,依据市场化原则配置资本、劳动力等资源,降低国有企业资源配置的扭曲程度,破解不同所有制在企业配置效率方面的差异,促进共同发展。在市场层面,需要推进公平、公正市场竞争环境的建设步伐,监管不正当竞争行为、促进有效市场竞争、营造良性的市场环境,多措并举地降低因不正当竞争引发的行业沉没成本的增加;另外,还需积极探索制定合理、适宜的产业政策,促使产业结构向高级化、产业链向高端化发展。

第二节　开发中国经济增长潜力的政策支撑

一、创新驱动政策支撑

党的十九届五中全会通过的《中共中央关于制定国民经济和社会发展第

十四个五年规划和二〇三五年远景目标的建议》在分领域阐述“十四五”时期经济社会发展和改革开放的重点任务时，将“坚持创新驱动发展，全面塑造发展新优势”列在首位。党的二十大强调“坚持科技是第一生产力、人才是第一资源、创新是第一动力，深入实施科教兴国战略、人才强国战略、创新驱动发展战略，开辟发展新领域新赛道，不断塑造发展新动能新优势”。

可以说，面对国内外环境纷繁变化，未来我们落实新发展理念、推动高质量发展、构建新发展格局，都需要创新提供解决方案。面对百年未有之大变局和我国“十四五”时期以及更长时期的发展需求，只有创新才是百年未有之大变局中的关键变量、是社会主义现代化建设全局中的重要支撑，才能在危机中育先机、在变局中开新局，不断拓展发展新空间，塑造新的发展优势。当前中国经济动力转换的一个重大障碍就是科技创新的体制机制问题，它严重制约着创新的活力释放和潜力开发。因此，推动创新驱动政策转型，营造良好的创新制度环境尤为重要。

第一，加强创新的法治体系建设。一方面，创新法治建设的核心是要促进对知识产权的保护，加强中国知识产权保护的力度。激发科技创新的积极性，保障新技术的顺利推广等均有赖于完善的知识产权保护体系。在中国建设科技强国的当下，应抓住机遇，持续推进知识产权保护的规范化和法治化。要发挥司法的主导作用，完善知识产权保护的法律法规建设，积极推进知识产权专门法院和专业法庭建设，完善知识产权审判工作机制，有力打击侵犯知识产权的行为。要改革相关的行政管理模式，推进知识产权行政管理体制改革，探索建立多元的纠纷解决机制，同时完善行政管理与司法的衔接制度，通过严格仲裁、调节、执法等多种方式保护创新者的合法利益，激发创新热情。另一方面，应探索制定科技创新法，使科技创新法律体系有基本法的保障。对我国未来建立并实施的《科技创新基本法》的内容来说应该包括：明确规定国家在科技创新中的责任和义务；明确科技创新主管部门的职责，以及各部门之间的协调关系；明确科技创新长期规划制定的步骤、方式以及各阶段创新的最终目的与预期结果;明确科技创新基金的设立、管理和监督的组织以及形式;明确振兴地方科学技术的发展战略和任务,以及组织实施单位、步骤和方式;明确科学技术的普及方式、目的和组织单位;明确科技创新中介机构的建设步骤、方式和资金来源;明确对科技创新有激励和促进作用的金融、财政优惠措施等。

第二,深化科技创新体制改革。科技进步需要依托高效的企业组织结构,高效的企业组织结构对经济发展具有催化效果。一般来讲,制约科技创新的主要制度障碍包括市场制度、创新成果产品化制度、产学研协同机制和创新动力激发制度。一是完善科技创新的市场机制,强化创新资源配置的市场化进程。发挥市场对技术研发方向、路线选择、要素价格、各类创新资源配置的导向作用,让市场真正在创新资源配置中起决定性作用。二是推动创新成果转化的机制发展,形成世界一流的科技成果转化和创新机制环境。其中关键在于深化科技产权制度改革,形成兼顾个人、机构、企业和国家的科技产权制度,形成有效激励、利益均衡、共同受益与发展的良性机制。三是深化产学研协同创新机制的形成,促进开发协作创新。鼓励企业、高校、科研机构和服务组织之间的协同创新机制的形成,破除体制机制的障碍,形成多主体交叉融合、多维立体的共同创新模式。四是完善创新的激励机制,提升微观主体创新的积极性。探索建立和打造既融合“顶天立地”的大企业又包含“铺天盖地”的中小企业的多层级创新型企业体系,同时探索完善有关创新的制度和政策体系建设,激发企业创新抱负,助力企业深耕主业,放飞企业创新的翅膀。

进一步深化科技创新体制改革,还需要深化科技投融资体制改革、科技评价和奖励制度改革以及科技创新管理体制改革。一是在科技投融资体制改革方面,需要对基础研究加大投入,特别是通过税收减免或放宽准入等政策激发社会资本开展基础研究。需要优化财政科技投入机制,赋予科技人员和团队更多的经费支配权和资源调动权。另外探索诸如投贷联动、知识产权质押等多种形式支持科技创新的金融创新机制,加大金融对科技创新的支持力度。二是在科技评价和奖励制度改革方面,推进人才和科技成果评价的科学化、专业化和实用化,优化同行评议制度,打破传统“四维”的评价机制,给予科技人员足够的信任和宽松的环境。改革科技奖励制度,从申报制逐步转向推荐制,引导社会机构规范有序地组织科技评奖活动。三是在科技创新管理体制改革方面,积极推进与国外科研机构合作交流机制的建立,拓宽合作交流渠道,精准选择合作领域,深化创新利益分享机制,充分利用国际创新资源提升科技水平。推广包容性创新政策,强化新技术、新产品、新模式的示范应用,同时加强科普工作,使全社会形成尊崇创业、鼓励创新、宽容失败、愿意创新的新风尚。

第三,加快国家创新体系建设的步伐。2012 年,为加快推进创新型国家建设,充分发挥科技对经济社会发展的支撑引领作用,印发了《中共中央、国务院关于深化科技体制改革加快国家创新体系建设的意见》。国家创新体制是指核心包括创新主体、创新环境和创新机制三个层面的系统框架,在国家层次上推动全社会对于创新资源合理配置和高效利用,促进创新机构之间协调合作与良性互动,充分体现和展示出国家创新意志和战略目标的系统。一国的创新能力不仅源于企业和研究机构内部能力的增强,更依赖于合理的体制设计与完善的经济社会环境。因此,中国在进行国家体系建设中要以增强国家整体创新能力为主要目的,加快建设一个以市场为导向,以整体战略部署和高效的组织架构为依托,既可以激发创新主体活力,又可以实现体系内部有效整合的完善系统架构。在新时代国家创新体制需要具有以下明显特征:要充分发挥市场配置资源的决定性作用,同时加强政府在宏观调控方面职能的发挥;要将激励微观创新主体的创新活力与推进全社会创新以及总体结构优化和系统整合相结合;要推进科技体制的变革与重视教育、科技、经济体制改革联动结合。总体来说,国家创新体系的构建需重点发挥科研机构与高等院校在创新人才培养方面的核心地位。同时,要明晰科技创新中企业的主体位置,让企业成为技术创新真正的引领者。

二、产业政策支撑

党的二十大报告强调,“建设现代化产业体系。坚持把发展经济的着力点放在实体经济上,推进新型工业化,加快建设制造强国、质量强国、航天强国、交通强国、网络强国、数字中国”。《中华人民共和国国民经济和社会发展第十四个五年规划和2035年远景目标纲要》强调,在“加快发展现代产业体系,巩固壮大实体经济根基”方面,要推进“产业基础高级化、产业链现代化”。产业基础能力和产业链水平的提升是改造传统产业、培育壮大新兴产业的基础,是深挖产业发展空间、重塑增长动力的重大举措,是提高关键核心技术能力、主动参与国际竞争的必由之路。政府为了实现一定的经济和社会目标,弥补市场缺陷,有效配置资源,保护幼小民族产业的成长,发挥后发优势,增强适应能力而对产业的形成和发展进行规划、引导、促进、调整、保护、扶持、限制等方面的干预从而形成产业政策。新发展阶段产业政策需要实现提质增效以及转型升级。

第一,坚持市场导向型的产业政策是首选,促进产业结构高级化。在企业层面,既要以规模化为导向,提高产业集中度。重视和关注大企业发展问题,发挥其规模经济,打造具有国际竞争力的大型企业集团。同时又要大力支持中小企业发展,破解中小企业发展瓶颈,形成大、中、小层次有序的企业格局。产业结构优化和调整核心在于产业结构合理化和高级化。通过调整产业的供需结构、国际贸易与国际投资结构,促进资源优化配置与合理利用,推广应用先进的产业技术,为社会提供优质的产品和服务,为劳动者提供充分的就业机会,从而获得最佳的经济效益。在制造业中,加快推进结构优化升级,强调精细化发展,摆脱以往过度依赖资源消耗和环境污染的粗放式发展模式,形成集约式新型发展方式。在服务业中,加快现代服务业的发展,加大先进服务业支撑和引导高端制造业的力度,促进高附加值和战略性新兴服务业的加速发展。同时在产业高级化的过程中,应量力而行、分步实施、循序渐进,避免盲目追求高级化而导致产业结构“空心化”。企业不能为了“高端”而“高端”，单纯追求价值链的高端化会造成本国产业整体实力的削弱，带来长期深远的影响。实施综合性的产业政策手段，综合运用法律、经济、技术、标准以及行政手段，以及配合使用产业、金融、土地和环保政策，从整体角度对相关行业的产业结构、布局、市场格局进行调整。

第二，推动产业政策的多层次趋势，构筑新型现代产业政策。对产业政策，不同级别的政府都可以制定、实施促进产业发展的相关政策。但产业体系的多层次性、产业因地制宜性和产业政策多主体性质，使各层级政府在制定和实施时并不一定统一，而是受到各层级政府和企业等多个行为主体的影响与制约。所以不论是中央政府还是各级地方政府都应因地制宜、因需规划，尊重市场对资源配置的决定性作用，发挥政府在行业规划中的宏观调控作用。另外，更为核心的产业政策多维性还体现在产业政策构建的全方位性，即构建新型现代产业政策体系：(1)谋划现代产业发展政策。现代产业发展政策旨在实现一定的产业发展目标，使用多种手段所制定的一系列具体政策。新中国特色社会主义进入新时代后，现代产业发展政策有两大重点：一是以提高设计创新能力为主线，以培育工业设计主体和工业设计市场为重点，加快工业设计成果转化，促进工业设计产业发展，更好地为产业转型升级服务；二是推动制造与服务融合发展的新型产业形态——服务型制造的发展。对生产组织形式、运营管理方式和商业发展模式进行创新优化，实现以加工组装为主向“制造+服务”转型，从单纯出售产品向出售“产品+服务”转变。(2)改善产业组织政策。产业组织政策旨在改善产业组织，实现产业组织的合理化，并借此达到资源有效利用，收益公平分配等经济政策一般目标。新时代背景下我国已转向高质量发展阶段，产业组织政策的核心在于营造公平的市场竞争秩序和促进企业研发和创新。完善营商环境，明晰市场规则，加大反垄断力度，促进合理有序的竞争秩序的形成，落实和完善中小企业扶持政策，重点增强其转型升级的基础能力，培育一批制造业单项冠军。(3)优化产业结构政策。政府遵循产业结构演进的一般规律，规划产业结构逐渐演进的目标，并分阶段地确定重点发展的战略产业，实现资源的重点配置，引导国家经济向新的广度和深度发展。新时代探索建设现代化经济体系，供给侧结构性改革是主线，产业结构政策的核心是强化政策和资金引导作用，依规依法加大淘汰落后产能，健全落后产能退出机制。（4）调整产业布局政策。产业布局政策指政府根据产业的经济技术特性、国情、国力状况和各类地区的综合条件，对产业的空间分布进行科学引导和合理调整的意图及其相关政策措施。新时代背景下产业布局政策的核心内容在于布局不同区域产业发展的重点，特别是在遵循各地差异的基础上，因势利导，合理布局，有序分工，避免无序竞争和重复建设，使社会资源在各产业、行业、企业、地区之间得到合理配置。（5）促进产业协调政策。产业协调政策通过促进或限制某些产业的发展，调整和协调各产业之间的相互关系，实现供给和需求的总量、结构的平衡。新时代产业协调政策具有新的内容，即物质与精神之间的协调，其中关键在于推进工业文化发展，发扬中国工业精神、夯实工业文化发展基础、发展工业文化产业、加大工业文化传播推广力度、塑造国家工业新形象，为我国实施制造强国提供重要的文化支撑。

三、区域政策支撑

《中华人民共和国国民经济和社会发展第十四个五年规划和2035年远景目标纲要》提出，坚持扩大内需这个战略基点，加快培育完整内需体系，把实施扩大内需战略同深化供给侧结构性改革有机结合起来，以创新驱动、高质量供给引领和创造新需求，加快构建以国内大循环为主体、国内国际双循环相互促进的新发展格局。构建国内外双循环互动发展模式，需要有相配套的空间支撑体系，应促进区域协调发展，即推动各地区比较优势的发挥，进而形成优势互补、分工有序的区域经济布局和区域良性发展机制。

实行区域政策的转型，首先要明确制定区域政策的目标和方向，既要实现区域协调，共同进步，即区域公平目标；又要提升区域要素投入产出效率，即区域效率目标。由于公平和效率目标在很多情况下会产生冲突和矛盾，不能同时实现，这就意味着区域政策需要在现实中在二者间进行权衡和协调。

第一，建立区域经济协调机构，规范地方竞争的制度环境。中国需要针对西部、中部、东北地区等具体区域成立区域发展管理的机构（如西部开发办、中部崛起办、东北振兴办等），目前尚未成立一个专门独立的规划和管理区域经济发展的部门机构。一般来讲，区域经济政策完善的基础保障就是建立完备的区域经济管理机制，即合理地设置区域管理机构。所以需要整合现有机构，建立区域协调发展委员会，专司区域协调发展之职责。除此之外，进一步规范地方之间竞争，形成有序分工和良性竞争。特别是在区域合作的基础上促进各区域之间竞争，同时应当对竞争过程中出现的负面效应进行改进和防范。加强法律体系与监督体系建设，防止区域之间的恶性竞争。有必要设立规范地方政府进行制度创新和制度扩散的程序、具体实施、监督和评价机构等方面的法律规范。

第二，扩展区域政策范围，促进资源在空间优化配置。传统区域政策的重点更多地落在单独的区域，即根据区域范围的大小、关注内容的不同，注重挖掘区域本身的增长潜力；相比之下站在全国范围、更为注重区域之间协同效应的区域政策，还较为缺乏。所以进入新时代后区域政策转型的关键在于实现要素在空间优化配置中带来的生产率提高，所以区域政策的着力重点应从“个别”转向“整体”、从“区域内”转向“区域间”。

新发展阶段区域政策的核心问题是“如何促进区域的协同发展，尤其是跨省域、大范围的区域协同发展问题”，于是推进“市场一体化”显得格外重要：（1）区域政策转向更注重区域整体协调、共同进步和市场统一。首先每个区域要立足比较优势，挖掘自身潜力、互相竞争推动经济增长。其次要促进区域协同发展，特别是打破阻碍产品和要素流动的制度壁垒，以及如户籍制度、职业资格认定制度、社会保障制度等制度方面的深层次体制和机制障碍。最后要促进跨区域基础设施的建设,加强区域间基础设施的连接性。建立全国统一的市场,深化各地分工和提高资源配置效率。所以促进区域市场一体化,既要通过改革消除制度层面的壁垒,也要通过基础设施的优化布局消除硬件层面的障碍。(2)区域政策的制定和出台要注重整体性、持续性。区域政策转型要更注重区域之间的协同发展,所以政策的制定和出台,要遵循"先找问题、再定区域"的"问题指向性"或"功能指向性"模式。主要要从"效率"的视角出发来制定和出台区域政策,从而既实现引导单个地区增加要素投入,又优化地区之间资源配置。同样在"效率"之外,还有"公平""可持续"的目标,对于我国大量的生态脆弱地区、资源枯竭地区等要更多从"长期可持续发展""公平"的视角出发,推进公共服务均等化、加强基础设施建设、保护生态环境,切实帮助这些地区走出困境,实现共同发展。同时为了避免地方之间为了获得政策优惠而形成不合理竞争以及相互攀比,针对问题区域的政策实施,尽管在最终的竞争结果上是有差异的,但在选择区域的过程中应该保证开放和公平。(3)注重各级地方政府职能转变,完善协同发展体制的建设。政府职能的变革,主要是改变地方政府的激励方式。地方政府激励方式最重要的表现是地方政府官员的考查和任用制度,对地方官员进行以经济绩效为核心内容的考核,会造成区域之间恶性竞争、地方分割和保护主义盛行。所以,未来需要对政府官员的考查制度和任免机制进行革新,关键在于中央政府要完善对地方官员的考查方式和手段,以多维度的综合考核和评价指标来替代传统以经济发展绩效为主的单一指标。同时引进协商民主基础上的公共选择,即让人民的满意成为地方官员最为核心的考核,明晰区域内人民的政策偏向与诉求,以此来制约政府官员的行为,形成"中央—地方—社会"三元格局运行中的行为制衡网络,从而降低单线委托代理模型下的机会主义行为。在促进协同发展机制的建设思路方面,改变地方政府行为,关键是打破地方"各自为政"的治理模式,在区域发展规划的制定、公共服务设施的共享、交通基础设施的建设、环境的治理方面探索和谋划跨区域协同发展机制,推动各地明确功能定位、形成分工与协同,在更大的空间范围内实现共同发展。

四、宏观调控政策支撑

中国经济增长潜力的开发,同样离不开宏观经济政策的调整,即需要财政政策、货币政策及相关宏观调控政策的转型、引导与指向作用。进入新时代后,存在经济增长速度换挡期、结构调整阵痛期和前期刺激政策消化期三个时期相互交叠的客观事实,于是"促改革、稳增长、调结构、惠民生"成为新发展阶段的主基调。因此,新发展阶段下的财政、货币政策,必须立足于服务全局,致力于在提高增长质量过程中稳增长、调结构、促改革、惠民生,推进"五位一体"总体布局。鉴于此,未来需求层面的财政、货币两大宏观调控政策的主要转型点:一是两大政策需要协调搭配,并以充分发挥市场作用为基础。保持财政和货币两大政策双重稳健的态势,并以"一松"的财政政策配合"一紧"的货币政策,来适应新发展阶段下宏观政策的要求。更重要的是在宏观调控中要以市场发挥作用为基础,让市场更好地发挥"优胜劣汰"作用。二是两大政策的制定和实施均有助于促进财税金融体制的改革。新发展阶段下财政和金融改革全部推行,财政改革前期已经在财政预算规划和管理、税收制度与中央地方关系体制等方面进行了规制并推出了相应的举措,未来也将在财政信息透明、资金使用效率提升、地方债务、跨年度预算编制、转移支付、具体税种调整等方面进行提升和调整。金融领域的改革,如存款保险制、中小金融机构发展、人民币汇率机制优化以及利率的市场化改革等都依赖于政策方面的探索和完善。所以两大政策的制定和完善要全面服务于财政金融体制改革,寓于改革之中。三是两大政策在总量和结构调控、供需管理中需要互有侧重,且优势互补。两大政策不仅需要服务于总量调节,同时要关注结构调整。两大政策不仅要调控需求,而且需要服务于国内国际双循环新发展格局的构建。具

体来说:

财政政策施力方向应从控制总量向促进结构调整转变,特别是要充分利用财政政策对新发展格局的支持,综合注意将总量调控和结构调整协调统一,探索运用多种财政政策工具,降低企业税费、保障民生,发挥财政对经济增长新动能打造的激励作用。加强对实体经济的支持,实行结构性减税和普遍性降费,让积极的财政政策真正落地并且更有力度,消除重复征税,减轻小微企业税收负担,促进实体经济健康发展。盘活财政存量资金,提升财政资金的利用效率。维持一定的政府投资数量,发挥好政策在引导方面的作用。推进政府与社会力量的合作,支持社会资本参与公共产品提供。在财政调控中考虑金融方面的创新,设立政府投资引导基金,适度发挥投资基金杠杆作用,争取解决创业企业不足的问题;同时也应保持基金合理规模,不宜盲目扩张,另需因地制宜,设计差异化的发展方案,统筹金融和财税改革,最终实现目标。

在货币政策方面,应以稳健的货币政策为核心。严格控制货币供应总量,保持社会融资和货币信贷规模的正常增长。使货币政策逐步从数量型向价格型转变,更加重视市场机制在经济均衡中的作用。货币政策应适时考察金融稳定和资产安全。在货币政策制定和实施过程中,有必要关注金融安全,考虑资产价格,保持宏观稳定的金融环境。同时,要促进利率间接调节作用的发挥。贷款利率对 GDP、CPI 以及房地产行业的影响要比货币供应量更加明显。供给侧结构性改革中,中国人民银行继续实行稳健中性货币政策的同时,应提高金融宏观调控的前瞻性和针对性,特别是要在支持民营企业、小微企业发展方面加大力度,同时要为精准扶贫提供助力。另外,要注意防范化解重大金融风险,保持金融运行整体平稳以及金融风险的可控,为稳就业、稳外贸、稳外资、稳投资、稳预期等目标的实现提供必要的金融支持。

第三节 开发中国经济增长潜力的政策建议

一、数字经济时代践行创新驱动发展战略,提升经济增长潜力

(一) 强化企业的创新主体地位

科技成果只有应用于生产领域才意味着其实际效能的发挥、只有更多的科技成果转化为生产力其经济效益才能产生。企业是创新主体。因为从价值链的角度看,创新是一个从研发到产业化的完整过程,其中创新决策、研发投入、成果转化均有赖于企业主体功能的发挥。所以强化企业创新主体地位是实现创新驱动的前提和基础,是提升国家及区域创新体系的重要保障和关键环节。多管齐下、多措并举地强化企业创新主体地位:一是要激发企业创新活力,让企业树立“创新才是基业长青的根本”的远大抱负,提升自己创新的动力和研发投入的水平。同时建立并完善激发企业创新活力的各种创新激励制度,破解创新束缚,放飞企业创新的翅膀。二是要培育引领创新的龙头企业。大型的龙头企业是创新的领军者和风向标,是区域乃至国家创新的“引擎”。重点扶持大型骨干企业的创新活动以及给予必要的补贴和优惠,使其成为引领其他企业创新和研发的“探路者”“领航者”。三是助力科技型中小微企业的快速成长。助力中小微科技型企业破解在人才、资金、技术上的困难和瓶颈,扩展其生存和发展空间,通过普惠式的科技资金补贴以及税收减免、创新基金申请等方式为中小微科技型企业创新“添砖助力”。

(二) 优化科技资源配置

近些年中国科研投入强度和发达国家相比差距在进一步缩小,已经达到了世界平均水平。所以未来在保持科技创新投入“量”稳步增加的同时,更重

要在于优化科技资源配置,加快科技通过创新向现实生产力转化的步伐。一是注重国家创新发展战略规划的引导作用,优化科技创新资源分配。国家中长期科学技术发展规划纲要的出台明确了科技创新的发展方向和重点任务。国家应在国家发展战略规划的指引下全面研判世界科技创新和产业变革的大势,从实际出发,将更多的科技创新资源配置在关键的、"卡脖子"的领域,瞄准世界科技前沿,强化前瞻性基础研究,支持企业实现引领性、原创性创新的重大突破,使国家有更多财力集中于打基础、攻关键、利长远的重大战略性基础科学和前沿技术研究。二是促进科技资源的有效使用,提高科技资源的使用效率。一方面完善科技创新的市场导向机制,明确政府和市场的边界,特别是提高政府对科技资源的管理水平,进一步完善激励企业创新普惠性政策的有效实施机制。另一方面提高企业配置科技资源的能力,建立企业间协同共享创新机制。探索在行业龙头企业优先建设国家重点实验室以及技术研究中心等研发平台,鼓励成立大中小企业产业技术协同创新联盟。三是加大人力资本方面的投资,加强创新型人才队伍建设。推进人才发展体制机制改革,注重科技型人才的培训和引入,汇聚高端创新人才。健全人才流动机制,打破人才流动的体制和机制障碍。健全人才评价激励机制,能客观真实地评价人才的贡献和作用,使真正推动技术创新的先行者能够脱颖而出并引领发展。

(三)加强新技术对创新网络的构建和融合

创新网络是一种用来应对系统性创新的基本制度安排,企业间的合作与共享关系是网络中的主要耦合机制(Freeman,1991)①。新时代背景下创新驱动成为经济增长的核心驱动力,关键在于围绕产业链部署创新链以及进一步围绕创新链配置资金链,需要注重以企业为主体、市场为导向的应用技术研究,以国家制造业创新中心为支点,聚焦战略性、引领性、重大基础共性需求,

---

① Freeman C.,"Networks of Innovators: A Synthesis of Research Issues", *Research Policy*, Vol. 20,No. 5,1991.

打造高效立体的开放型创新网络体系。在此需要借助互联网、人工智能、大数据等新兴技术来打造各类创新要素深度融合的创新网络，构建网络化、平台化、智能化的经济发展运行模式，在中高端消费、创新引领、绿色低碳、共享经济、现代供应链等领域培育新业态，塑造新经济增长点，形成新动能。整合利用创新资源，更好地集聚创新要素、拓展创新渠道、深化政产学研合作、组建科技创新联盟，多措并举地推动互联网与产业、互联网与新技术新产品新工艺研发、互联网与各创新要素的深度融合，形成创新发展新动能，打造创新发展新引擎。

（四）发挥举国体制抢占新一代通用技术新高地的引领作用

中国共产党领导是中国特色社会主义最本质的特征，中国共产党领导的举国体制更是“中国经济奇迹”与中国技术追赶和超越成功的基石。深化科技创新体制改革就是要构建社会主义市场经济条件下关键核心技术攻关新型举国体制，把集中力量办大事的制度优势、超大规模的市场优势同发挥市场在资源配置中的决定性作用结合起来，强化国家战略科技力量（刘鹤，2019）①。以健全国家实验室体系为抓手，加快建设跨学科、大协作、高强度的协同创新基础平台，强化国家战略科技力量。中国得天独厚的大国市场优势是创新的大国利器，先有一个市场，让“生态”在市场中得到良性循环，从而打造创新生态系统。

以万物互联、大数据、区块链、人工智能、基因工程等数字与生物技术革命深度融合为核心的新经济革命，正深刻改变着人类一切经济社会活动。新经济分子化、虚拟化和一体化的特征使整个经济体系呈现“极端多维度复杂性”，同时让企业在这样新的体系中谋求技术能力高级化更复杂。所以在复杂系统中需要政府发挥“有为”作用，以举国体制铸就的制度生态系统，并辅

① 刘鹤：《坚持和完善社会主义基本经济制度》，《中国金融家》2019 年第 12 期。

之以政府监管的网络式转变以及防患于未然的政策取向作为中国面向万物互联数字化时代面对机会和挑战的新引擎、新支撑和新保障。

(五) 培养创新文化和氛围

培养创新文化和氛围的目的是让创新在整个社会蔚然成风。创新文化是集合了激励、崇尚和保障创新的价值理论、行为习惯和社会环境的综合体,在无形中推动着一个国家或社会创新活动的开展和发展。一国创新文化不仅能够影响创新行为和创新方式,而且从生产力属性层面还表现为对经济发展方式的根本改变。所以建设创新文化,首先倡导敢为人先、勇于冒险的创新精神,让创新成为整个社会的一种价值取向、行为向导和思维方式;其次培养宽容失败的文化氛围,打破"以成败论英雄"的唯一评判标准,提倡宽容失败的态度,培养不断试错的科学精神;最后营造尊重创造的文化氛围。尊重知识、尊重创造和创新,营造健康有序的市场竞争秩序,真正做到从根本上促进企业以及个人参与创新活动的主动性和积极性,为创新活动的出现提供良好的环境土壤。营造活跃的创新氛围不是一朝一夕的行为,而是长期持续的过程,目的是要将创新理念、创新思维、创新意识融入整个社会生活中,促进创新型社会的建设。

二、以全面改革和战略调整形成新发展格局,释放经济增长潜力

在新发展阶段下提高中国经济潜在增长率,关键在于面对新时代、处于新发展阶段、承担新任务的中国的发展格局应进行根本性的调整,构建"以国内大循环为主体、国内国际双循环相互促进"的新发展格局是适应我国经济发展阶段变化的主动选择、应对错综复杂的国际环境变化的战略举措以及发挥我国超大规模经济体优势的内在要求。

国内国际双循环相互促进首要强调的是"以内为主",只有"以内为主"才

能真正实现自生能力的构建和自主创新水平的提升，才能推进以内促外，最终实现内外联动。“以内为主”的战略基点既要加快培育完整内需体系，又要打造高质量的供给体系。

（一）打造“三链”融合发展的新生态，形成高质量的供给体系

在新时代要寻找新的增长点、形成技术进步新空间以及适应新的内外部环境，关键在于打造“创新链+产业链+供应链”的三链融合发展的新形态，以此作为抓手深化供给侧结构性改革。一是打造创新链。打造以强化企业创新主体地位为核心，探索产学研联合体多种模式为支撑的国家系统创新链，构建互动融合、相互促进的双重创新体系。既要促进包括基础研究、前沿技术研究、社会公益性技术研究等知识创新为主体的国家创新体系的完善，又要支持以企业为主体、市场为导向、产学研相结合的技术创新体系向更高层次发展。打造系统创新链，核心在于要让创新链成为产业链、供应链等各链条的有力支撑，真正让创新驱动贯穿始终。二是提升产业链。畅通产业链的大动脉和微循环，打破部分行业政策性梗阻，打通关键堵点，畅通产业循环、市场循环和经济社会循环；提高产业基础能力，实施产业基础再造和产业链提升工程。需要顺应新一轮产业变革的大趋势，建立共性技术平台，解决关键共性技术问题，通过关键共性技术的产业化带动产业链现代化水平，增强产业链的韧性。三是再造供应链。以数字化为供应链再造的发展方向，探索“工业互联网+供应链业态”协同发展的新模式，促进上下游紧密协同，供应链集约高效。总之，要以创新为引领，夯实产业基础能力为抓手，推动产业链、创新链、供应链“三链”融合发展，铸就“中国创造”。

（二）重视群众的民生福祉以及优化营商环境，助力构筑完整的国内需求体系

国内大循环的战略基点既有供给端也有需求端，内需是经济发展的基本

动力,也是满足人民日益增长对美好生活追求的重要支撑。据此,构建国内国际双循环互动发展模式,形成以国内市场为基础的新发展格局关键在于培育完整的国内需求体系。完整的内需体系涉及居民、企业和政府三大微观主体。一是在居民需求方面,需进一步完善收入分配制度,促进居民收入水平的提高,扩大中等收入群体,缩小中低收入群体,持续巩固脱贫成果,加快形成“纺锤形”收入分配格局。同时要完善社会保障制度,助力形成良好预期,刺激居民即期消费。在改善收入之外,更重要的是健全促进居民充分就业和创业的制度条件,多渠道地开发就业岗位、畅通就业信息、促进就业机会公平,让劳动者在平等竞争中获得合理报酬;同时建立高效透明的劳动力市场,强化职业培训和再培训,促进劳动力合理流动,多措并举地助力劳动者创业,为创业者创造良好的发展环境和系统的政策保障。二是在企业需求方面,应助力企业抓住新型基础设施建设、新型城镇化建设机遇期加速布局并加快转型升级,更重要在于打造公开透明、可预期的营商环境。推进市场化营商环境的形成,精准服务,拓展全周期的服务链条,构建“清”“新”的政商关系;提升法治化营商环境,为各类市场主体营造稳定、公平、透明、可预期的法治环境。三是在政府需求方面,持续转变政府职能,发挥政府支出对扩大内需的作用,提升政府在新型基础设施、公共服务、重大科技进步方面的全方位需求;提升政府治理效能,特别是发挥“有为政府”对“高效市场”的支撑作用。让我国14亿多人口形成的超大规模“中国市场”成为我国经济发展的显著比较优势和发展韧性所在。

(三)促进区域有序协同发展,形成国内大循环的“立体”支撑体系

构建国内国际双循环相互促进的新发展格局,这一新发展格局的“空间”支撑体系在于促进区域协调发展,即推动各地区比较优势的发挥,进而形成优势互补、分工有序的区域经济布局和区域良性发展机制。一是在大区域之间,需要科学谋划,根据不同区域发展特点细化并实施区域发展政策,减少区域之

间利益冲突，明确区域定位。西部地区应强化深度开发模式，东北地区应破解深层次机制制约问题探索新发展模式，中部地区应发挥承接东部、沟通西部的地缘优势，东部地区应持续发挥区域发展“领头雁”作用，辐射中西部，优化各区域分工格局，形成错落发展、有所侧重的区域发展新格局来支撑“内循环”的顺利展开。二是要统筹规划、加强顶层设计，发挥以发展城市群、都市圈为重点方向的新型城镇化联通需求和供给循环的枢纽作用。形成多中心、网络化与多层嵌套的城市体系，在城市立体体系中，一方面强调核心城市集聚创新要素的优势，发挥其在形成发展新动能、辐射带动其他城市发展的龙头作用；另一方面不同层次城市间需要优化生产力布局，实现城市群产业联动发展。将都市圈作为生产组织的主形态，在城市间形成创新链、产业链和价值链的链接，形成支撑国内大循环的重要动力。除此之外，应在其中释放城乡融合的发展潜力，深化农村土地制度改革，支持城乡产业协同发展平台建设，通过乡村振兴和城乡融合发展充分挖掘乡村多元功能，为畅通内循环提供制度红利和结构红利。总之形成优势互补、高质量发展的区域发展新格局，是为全国统一市场的形成、为扩大内需提供重要的基础，是促进内循环顺畅流动和各类资源优化配置的重要“空间”支撑。

（四）积极融入并参与全球产业链重构，构建多元化安全的供应链体系

构建国内国际双循环相互促进不单单是片面“以内唯一”，更重要的是形成内外联动。2020 年 9 月 1 日，习近平总书记曾在中央全面深化改革委员会第十五次会议上强调指出，“推动更深层次改革，实行更高水平开放，为构建新发展格局提供强大动力”。习近平总书记这段话深刻阐释了国内国际双循环相互促进新发展格局的关键所在，新发展格局不仅仅是强大的内循环，内循环也不是封闭循环，推进更高水平的开放，是应对危机的必然选择，也是参与更高层次国际大循环的战略要求。

中国作为全世界唯一一个拥有全产业链和供应链的国家,目前在高铁、电力、机械、造船、家电、轻纺等已具备优势产业链,重点是要保持优势并进一步进行强化提升,实施产业基础再造和技术提升工程,以加强和巩固国际领先地位,稳住国际产业链的关键环节,保证产业链、供应链的完整通畅。更重要的是顺应第四次产业革命的潮流,对人工智能、云计算、工业互联网、物联网、生物技术、新能源新材料等产业链抓紧布局,力求突破,抢占全球制高点。并以此作为重塑全球产业链的"突破口",助力中国企业把握机会向产业链中高端升级,颠覆传统,抢占"微笑曲线"的两端。我国供应链在"逆全球化"的影响下面临严峻考验,虽然现代供应链越来越长,但再长也有个终点,所以中国作为世界最大的消费市场有稳定供应链的底气。一方面需要打造多元化的供应链体系,进一步巩固与周边国家如日、韩、东盟的供应链联系,依托"一带一路"倡议向西与俄罗斯、中亚诸国、东欧各国打造"中国+N"的供应链,形成"你中有我、我中有你",将更多发展中国家特别是新兴市场国家纳入其更普遍的供应链体系;另一方面需要将供应链的安全上升到国家安全层次,与相关国家建立"供应链安全体",形成国家间信任合作共赢的供应链体系,从而在全球产业链、供应链重构中掌握主动权和先发优势。总体来说,我国应抓住全球产业链、供应链调整的战略窗口期,加强顶层设计和规划,夯实现代化产业体系的根基,提升产业链和供应链韧性、黏性,在全球产业链、价值链重塑中充分释放"中国制造""中国创造"的能量。

(五) 做好新时代的开放发展,更高效地利用"两个市场"促进"两个循环"

在新的历史条件和时代背景下,我们要将外贸提质增效作为发展目标,着力培育外贸竞争新优势,努力实现外贸由量到质的跨越,在贸易强国的征途上加速前进。一方面促进贸易方式更趋合理,贸易结构更加高级化、多元化,培育贸易新业态、新模式,并多措并举地从财税金融支持和提升通关便利度等实施稳外贸稳外资的政策措施。另一方面鼓励中国企业“两头在外、双向开放”地融入全球价值链，即向世界输出中国具有竞争力的制造产能和品质卓越的创造水平，也可以通过企业间的合作互动引进中国发展所需的各种资源和要素，促进进口与出口、引进外资与对外投资的双重平衡。更重要的是，新时代的开放发展更加强调对外开放与对内发展的相互促进和联动。传统瞄准国外市场进行出口导向、依靠西方市场的发展战略正在完结，新时代需要强调首要以内为主，只有对内改革，坚定修炼“内功”才能激发发展活力，形成发展动力，从而形成对外开放的有力支撑；还必须进行更高水平的对外开放，深入主导和参与国际新循环，才能倒逼对内的诸多深层次改革和蜕变。所以，新时代既需要重视无边的国外市场，也需要重视海阔的国内市场，利用好两种资源，实现内外兼修联动，内外循环相互促进、相得益彰。

三、以高质量发展为中国经济战略部署，支撑增长潜力开发

增长潜力的开发，需要谋求高质量的发展。这又离不开创新驱动，离不开资源的优化配置，离不开区域整合，也离不开产业结构的调整，在推动我国经济健康绿色可持续的稳定快速发展的过程中，需要政府从全局出发，进行顶层设计，科学制定发展规划，牢固树立并切实践行“创新、协调、绿色、开放、共享”的新发展理念，明确不同时期的增长目标以及重点建设任务，将各种保障举措落到实处，谋求有特色的高质量发展。

（一）坚定实施创新驱动的发展战略，发挥后发优势以创新引领发展

一是应将创新放于经济社会发展的核心地位。在科技创新、产业创新、开放创新、人才培养、营造创新生态等方面实现突破发展。强调企业作为创新主体的重要性，促进企业加大投入、培育科技型企业、支持产学研一体的协同创新、加快科技成果的转化，提升企业整体的创新能力和水平。支持高端装备制

造、高新技术产业、现代农业和现代服务业等行业内的重点企业建设高水平的研发机构,支持在各领域开展前瞻性的基础科学研究,提升基础科学服务技术创新实践的力度,引进和集聚各类先进人才,建设一批在世界范围内具有竞争力的创新企业。二是应发挥后发优势,在推进技术创新方面谋求发展新思路。构建和营造一个鼓励创新、崇尚创新、支持创新的环境以及加大顶层设计,从技术后发国的定位出发,不断提升技术能力,实现创新驱动、技术革新的"弯道超车"。积极营造创新环境,解决好目前制约民营高新技术企业发展政策落实上不配套、不具体、不落地等问题,发挥政府在创新中的"扶助之手"的作用,强化普惠性政策支持。

(二)着眼于发展不平衡不充分的问题,以协调促进产业转型升级和城乡区域一体化

一是解决经济发展中不平衡不协调的核心关键问题。着力破解发展失衡问题,特别是三产比例失调、高中低端产业结构不合理等造成的"结构性"问题。优先发展战略性新兴产业与改造提升传统产业并举,促进工业转型升级。对传统产业进行改造提升,通过技术改造和生产经营方式重塑等方式,革新传统产业发展模式,提高产品质量和企业竞争力,使传统产业焕发新的动能。同时积极培育高端装备制造业,在价值链上促进装备制造业向研发、品牌和服务等环节延伸。在生产方式上向精细化、数字化和智能化方面发展。二是坚持"双轮"推进,加速推进城乡一体化进程。中国在发展中不仅要依托中心城市及重点区域,还要注重提升县域经济,发展现代农业,城乡"双轮"推进。在农业条件较好的地区,发展优势农业,加强农业服务体系建设,延长农业生产链条,构建不同地区的特色农业。在困难偏远地区,加大投入,政府在"输血"的同时因地制宜地探索"造血"的机制和方式,形成此类地区自主的发展模式。推进以人为本的新型城镇化,努力构建特色鲜明、布局合理、相得益彰的城镇体系,增强城乡基础设施保障能力,加速促进城乡一体化的发展。

（三）践行“绿水青山就是金山银山”的发展理念，探索高质量的绿色发展

一是实现产业升级与环境保护的相得益彰，关键在于大力发展绿色经济。通过地方政府引导，切实把“绿色化”的发展理念融入产业转型升级中，推动传统产业转型升级和生态工业、新兴产业的壮大来实现绿色发展。坚持依靠绿色促发展，构建资源节约型、环境友好型的产业体系；大力发展绿色企业，提高绿色经济比重，为百姓提供其所需的高质量绿色产品，形成绿色发展的良性路径。二是建立生态环境制度的长效发展机制。核心是完善政府、企业和公众共同参与的长效发展机制，一方面实施最严格的环保制度，筑牢绿色发展的底线。同时进一步提升绿色指标的权重，不仅要实现环保“一票否决制”，而且要将提升环境质量与保障百姓健康作为首要硬指标。进一步优化和完善法治环境，加大执法力度，克服环境法律法规偏软、处罚力度偏弱的现状，强化环境整治的强度，构建稳定的生态环境。另一方面针对生态环境问题，全国人民共同加入乃是核心。环境问题是复杂的多维社会问题，是由社会结构、社会环境和社会成员的行为模式共同导致的。所以推动绿色发展，必须形成合力，即政府、企业、个人、社会共同发力，单纯依靠政府是不够的，只有综合施治，才能让发展增添“绿色动力”。

（四）抓住“一带一路”倡议机遇，推动开放新格局的形成

一是抓住“一带一路”的机遇，形成开放新格局。“一带一路”建设作为我国对外开放的重大战略举措，对推动全面开放新格局的形成发挥着重要作用。首先，抓住“一带一路”建设的契机，积极扩大对外投资合作，为我国在全球价值链重构中实现开放型经济转型升级注入强大动力。其次，借助“一带一路”建设东风，扩大内陆和沿边地区的开放发展，为对外开放的洼地省份谋求开放型经济发展的广阔空间。最后，通过“一带一路”建设，扩展我国同发展中国

家的经贸联系，形成更为多元化的全球伙伴关系，推动经济全球化向更为普惠平衡、公正共赢的方向发展。二是通过自贸区和自由贸易港促进开放新局面的形成。借助自贸试验区这块试验田，按下中国对外开放的“快进键”。进一步推进自贸区建设，积极与“一带一路”沿线国家和地区共同构建辐射“一带一路”、面向全球的高标准自由贸易区网络。提升自由贸易协定的开放度，实施准入前国民待遇和负面清单的管理模式。同时推进多边自由贸易区的建设，加大开放的辐射范围，扩大国际市场。

（五）满足中华儿女对美好生活的向往，让各族群众共享发展成果

一是因地制宜形成精准扶贫的“各类模式”，提高脱贫攻坚成效。实施扶贫和脱贫攻坚是实现共享发展的主要着力点。各地如期完成脱贫任务，补齐小康路上“最大短板”，是自身必须承担的历史责任。在推进精准扶贫过程中，要加大政府及社会扶贫资金投入。政府应当增加贫困地区基础设施建设的投入，根据各个地区的特色，制定符合本地发展的基础设施建设方案，因地制宜明确靶向对症下药。二是大力发展民生工程，解决教育养老医疗就业等民生“痛点”。人民有所呼，改革有所应，着力解决人民群众最关心、最直接、最现实的问题，力争让改革红利惠及最大多数人。教育事业要满足百姓的需要，办好人民满意的教育，进一步深化教育改革，采取多种手段推动教育在城乡、区域之间的均衡发展，最大化让群众享受教育公平。推进健康中国行动计划，加快公立医院综合改革，进一步推进分级诊疗制度；完善社会保障体系，推进社会保障政策的科学设计，统筹城乡社会保障体系，兼顾不同层次的保障需求。

参考文献

[1]安同良、姜妍:《中国特色创新经济学的基本理论问题研究》,《经济学动态》2021年第4期。

[2]安同良、施浩、Ludovico Alcorta:《中国制造业企业R&D行为模式的观测与实证——基于江苏省制造业企业问卷调查的实证分析》,《经济研究》2006年第2期。

[3]安同良、魏婕、舒欣:《中国制造业企业创新测度——基于微观创新调查的跨期比较》,《中国社会科学》2020年第3期。

[4]巴曙松、杨现领:《城市化与潜在增长率:基于长期视角的增长效应评估》,《财贸经济》2011年第3期。

[5]白重恩、张琼:《中国经济增长潜力预测:兼顾跨国生产率收敛与中国劳动力特征的供给侧分析》,《经济学报》2017年第4期。

[6]柏培文:《中国劳动要素配置扭曲程度的测量》,《中国工业经济》2012年第10期。

[7]蔡昉:《"中等收入陷阱"的理论、经验与针对性》,《经济学动态》2012年第12期。

[8]蔡昉:《人口转变、人口红利与刘易斯转折点》,《经济研究》2010年第4期。

[9]蔡昉:《用改革把增长潜力释放出来》,《金融经济(市场版)》2017年第3期。

[10]陈亮、陈霞、吴慧:《中国经济潜在增长率的变动分析——基于日韩及金砖四国等典型国家1961—2010年的经验比较》,《经济理论与经济管理》2012年第6期。

[11]陈永伟、胡伟民:《价格扭曲、要素错配和效率损失:理论和应用》,《经济学(季刊)》2011年第4期。

[12]程大中:《中国服务业增长的特点、原因及影响——鲍莫尔—富克斯假说及其经验研究》,《中国社会科学》2004 年第 2 期。

[13]程开明、章雅婷:《中国城市创新空间溢出效应测度及分解》,《科研管理》2018 年第 12 期。

[14]丁明磊、陈宝明:《科技创新激发中国经济增长潜力》,《中国工业评论》2017 年第 9 期。

[15]杜修立、郑鑫:《人口结构、产业结构与中国经济潜在增长率》,《统计与信息论坛》2017 年第 3 期。

[16]冯明:《中国经济中长期潜在增长率研究:进展、共识和分歧》,《财经智库》2020 年第 9 期。

[17]盖庆恩、朱喜、程名望、史清华:《要素市场扭曲、垄断势力与全要素生产率》,《经济研究》2015 年第 5 期。

[18]干春晖、郑若谷:《改革开放以来产业结构演进与生产率增长研究——对中国 1978—2007 年"结构红利假说"的检验》,《中国工业经济》2009 年第 2 期。

[19]高铁梅、梁云芳:《论中国增长型经济周期波动及适度增长区间》,《经济学动态》2005 年第 8 期。

[20]龚关、胡关亮:《中国制造业资源配置效率与全要素生产率》,《经济研究》2013 年第 4 期。

[21]郭红兵、陈平:《基于 SVAR 模型的中国产出缺口估计及评价》,《数量经济技术经济研究》2015 年第 5 期。

[22]郭庆旺、贾俊雪:《中国潜在产出与产出缺口的估算》,《经济研究》2004 年第 5 期。

[23]郭学能、卢盛荣:《供给侧结构性改革背景下中国潜在经济增长率分析》,《经济学家》2018 年第 1 期。

[24]郭豫媚、陈彦斌:《中国潜在经济增长率的估算及其政策含义:1979—2020》,《经济学动态》2015 年第 2 期。

[25]国家发展改革委投资研究所课题组:《促进经济中高速增长的路径与措施》,《宏观经济研究》2017 年第 1 期。

[26]胡乃武、范炳龙:《我国未来经济持续快速增长潜力分析》,《经济纵横》2012 年第 8 期。

[27]胡乃武、周帅、衣丰:《中国经济增长潜力分析》,《经济纵横》2010 年第 10 期。

[28]黄梅波、吕朝凤:《中国潜在产出的估计与“自然率假说”的检验》,《数量经济技术经济研究》2010 年第 7 期。

[29]黄群慧、黄阳华、贺俊、江飞涛:《面向中上等收入阶段的中国工业化战略研究》,《中国社会科学》2017 年第 12 期。

[30]黄少卿:《三大红利、后发优势与中国经济增长潜力》,《探索与争鸣》2016 年第 2 期。

[31]黄先海、宋学印:《准前沿经济体的技术进步路径及动力转换——从“追赶导向”到“竞争导向”》,《中国社会科学》2017 年第 6 期。

[32]黄志钢、刘霞辉:《中国经济中长期增长的趋势与前景》,《经济学动态》2014 年第 8 期。

[33]江曼琦、席强敏:《生产性服务业与制造业的产业关联与协同集聚》,《南开学报(哲学社会科学版)》2014 年第 1 期。

[34]解三明:《我国经济中长期增长潜力和经济周期研究》,《管理世界》2000 年第 5 期。

[35]金刚、沈坤荣:《结构性减速真的存在吗:一个文献评述》,《经济资料译丛》2017 年第 2 期。

[36]黎文靖、郑曼妮:《实质性创新还是策略性创新?——宏观产业政策对微观企业创新的影响》,《经济研究》2016 年第 4 期。

[37]李标、齐子豪、丁任重:《改革进程中的中国潜在 GDP 增长率:估计及预测》,《当代经济科学》2018 年第 6 期。

[38]李稻葵、石锦建、金星晔:《“十三五”时期中国经济增长潜力和前景分析》,《投资研究》2015 年第 12 期。

[39]李建伟:《我国劳动力供求格局、技术进步与经济潜在增长率》,《管理世界》2020 年第 4 期。

[40]李京文:《中国经济长期快速稳定发展的预测与分析》,《经济学家》1997 年第 7 期。

[41]李善同:《“十二五”时期至 2030 年我国经济增长前景展望》,《经济研究参考》2010 年第 43 期。

[42]李郇、徐现祥、陈浩辉:《20 世纪 90 年代中国城市效率的时空变化》,《地理学报》2005 年第 4 期。

[43]李泽锦、刘强、陆小莉:《结构性减速背景下中国经济增长潜力探究》,《统计

与信息论坛》2021年第10期。

[44]林武、张建、金海石:《技术与社会:日本技术发展的考察》,东方出版社1989年版。

[45]林毅夫、蔡昉、李周:《中国的奇迹:发展战略与经济改革》,上海人民出版社1994年版。

[46]林毅夫、张鹏飞:《后发优势、技术引进和落后国家的经济增长》,《经济学(季刊)》2005年第4期。

[47]林毅夫:《展望未来20年中国经济发展格局》,《中国流通经济》2012年第6期。

[48]刘金全、金春雨、郑挺国:《中国菲利普斯曲线的动态性与通货膨胀率预期的轨迹:基于状态空间区制转移模型的研究》,《世界经济》2006年第6期。

[49]刘培林、贾珅、邹静娴、申广军:《"均值回归说"低估了后发追赶国家的增长潜力》,《国际经济评论》2020年第1期。

[50]刘瑞、黄炎:《中国经济潜在增长率的再估计》,《社会科学辑刊》2015年第1期。

[51]刘瑞翔、安同良:《中国经济增长的动力来源与转换展望——基于最终需求角度的分析》,《经济研究》2011年第7期。

[52]刘世锦、刘培林、何建武:《我国未来生产率提升潜力与经济增长前景》,《管理世界》2015年第3期。

[53]刘世锦、许伟、刘培林:《中国经济潜在增长速度转折的时间窗口测算》,《发展研究》2011年第10期。

[54]刘伟:《基于适应性预期菲利普斯曲线的中国潜在产出增长率估计研究》,《特区经济》2013年第8期。

[55]刘伟、陈彦斌:《2020—2035年中国经济增长与基本实现社会主义现代化》,《中国人民大学学报》2020年第4期。

[56]鲁晓东、连玉君:《中国工业企业全要素生产率估计:1999—2007》,《经济学(季刊)》2012年第2期。

[57]陆旸、蔡昉:《从人口红利到改革红利:基于中国潜在增长率的模拟》,《世界经济》2016年第1期。

[58]陆旸、蔡昉:《人口结构变化对潜在增长率的影响:中国和日本的比较》,《世界经济》2014年第1期。

[59]陆旸、蔡昉:《调整人口政策对中国长期潜在增长率的影响》,《劳动经济研究》2013年第1期。

[60]吕健:《产业结构调整、结构性减速与经济增长分化》,《中国工业经济》2012年第9期。

[61]马文涛、魏福成:《基于新凯恩斯动态随机一般均衡模型的季度产出缺口测度》,《管理世界》2011年第5期。

[62]聂辉华、贾瑞雪:《中国制造业企业生产率与资源误置》,《世界经济》2011年第7期。

[63]牛立超:《中国经济的潜在增长率、阶段性特征及其平衡》,《学术交流》2011年第12期。

[64]屈宏斌:《中国潜在增长率究竟几何》,《发展》2015年第2期。

[65]任保平、宋文月:《新常态下中国经济增长潜力开发的制约因素》,《学术月刊》2015年第2期。

[66]邵伏军、苟文均、匡桦:《中国潜在经济增长率:变化趋势与政策响应》,《金融研究》2014年第12期。

[67]邵宜航、步晓宁、张天华:《资源配置扭曲与中国工业全要素生产率——基于工业企业数据库再测算》,《中国工业经济》2013年第12期。

[68]沈坤荣、李猛:《中国潜在产出和产出缺口的测算:1952—2008》,《首都经济贸易大学学报》2010年第5期。

[69]沈坤荣:《中国经济增速趋缓的成因与对策》,《学术月刊》2013年第6期。

[70]沈利生:《我国潜在经济增长率变动趋势估计》,《数量经济技术经济研究》1999年第12期。

[71]生延超:《要素禀赋、技术能力与后发大国技术赶超》,上海人民出版社2013年版。

[72]石柱鲜、黄红梅、石庆华:《关于中国潜在GDP与景气波动、通货膨胀的经验研究》,《世界经济》2004年第8期。

[73]唐未兵、傅元海、王展祥:《技术创新、技术引进与经济增长方式转变》,《经济研究》2014年第7期。

[74]王丰、安德鲁·梅森:《中国经济转型过程中的人口因素》,《中国人口科学》2006年第3期。

[75]王林辉、袁礼:《资本错配会诱发全要素生产率损失吗》,《统计研究》2014年

第 8 期。

[76]王子博:《中国潜在产出估算模型的设计与应用——基于 Kalman 滤波的实证分析》,《统计与信息论坛》2012 年第 1 期。

[77]韦森:《从世界历史的大背景看未来中国经济的增长前景》,《经济资料译丛》2015 年第 1 期。

[78]魏婕、安同良:《面向高质量发展的中国创新驱动》,《中国科技论坛》2020 年第 1 期。

[79]魏婕、任保平:《新发展阶段国内外双循环互动模式的构建策略》,《改革》2021 年第 6 期。

[80]文建东、付姗姗:《中国供给侧改革背景下的经济增长潜力研究》,《学术研究》2018 年第 10 期。

[81]吴国培、王伟斌、张习宁:《新常态下的中国经济增长潜力分析》,《金融研究》2015 年第 8 期。

[82]吴延兵:《国有企业双重效率损失研究》,《经济研究》2012 年第 3 期。

[83]吴延兵:《中国哪种所有制类型企业最具创新性?》,《世界经济》2012 年第 6 期。

[84]谢攀、林致远:《地方保护、要素价格扭曲与资源误置——来自 A 股上市公司的经验证据》,《财贸经济》2016 年第 2 期。

[85]谢太峰、王子博:《中国经济周期拐点预测——基于潜在经济增长率与经验判断》,《国际金融研究》2013 年第 1 期。

[86]宣烨、余泳泽:《生产性服务业层级分工对制造业效率提升的影响——基于长三角地区 38 城市的经验分析》,《产业经济研究》2014 年第 3 期。

[87]鄢萍:《资本误配置的影响因素初探》,《经济学(季刊)》2012 年第 2 期。

[88]颜鹏飞、王兵:《技术效率、技术进步与生产率增长:基于 DEA 的实证分析》,《经济研究》2004 年第 12 期。

[89]杨飞、孙文远、程瑶:《技术赶超是否引发中美贸易摩擦》,《中国工业经济》2018 年第 10 期。

[90]杨天宇、曹志楠:《中国经济增长速度放缓的原因是“结构性减速”吗?》,《中国人民大学学报》2015 年第 4 期。

[91]杨天宇、黄淑芬:《基于小波降噪方法和季度数据的中国产出缺口估计》,《经济研究》2010 年第 1 期。

[92]杨旭、李隽、王哲昊:《对我国潜在经济增长率的测算——基于二元结构奥肯定律的实证分析》,《数量经济技术经济研究》2007 年第 10 期。

[93]杨振、陈甬军:《中国制造业资源误置及福利损失测度》,《经济研究》2013 年第 3 期。

[94]易信、郭春丽:《未来 30 年我国潜在增长率变化趋势及 2049 年发展水平预测》,《经济学家》2018 年第 2 期。

[95]易忠玖:《基于 DEA 的行业潜在产出估计方法及应用》,《科技管理研究》2008 年第 3 期。

[96]殷德生、徐徕、吴虹仪:《中国经济潜在增长率的估计、变化特征及其逻辑》,《上海经济研究》2017 年第 12 期。

[97]袁富华:《增长、结构与转型:中国经济增长潜力分析》,社会科学文献出版社 2014 年版。

[98]袁富华:《长期增长过程的"结构性加速"与"结构性减速":一种解释》,《经济研究》2012 年第 3 期。

[99]袁志刚、解栋栋:《中国劳动力错配对 TFP 的影响分析Ⅱ》,《经济研究》2011 年第 7 期。

[100]张杰:《结构性经济潜在增长率:理论重构、总体判断与改革方向》,《南京大学学报(哲学·人文科学·社会科学)》2020 年第 3 期。

[101]张军、吴桂英、张吉鹏:《中国省际物质资本存量估算:1952—2000》,《经济研究》2004 年第 10 期。

[102]张军、徐力恒、刘芳:《鉴往知来:推测中国经济增长潜力与结构演变》,《世界经济》2016 年第 1 期。

[103]张军扩、吴振宇:《对我国经济转型期增长潜力的再认识(上)》,《中国经济时报》2018 年 4 月 18 日。

[104]张连城、韩蓓:《中国潜在经济增长率分析——HP 滤波平滑参数的选择及应用》,《经济与管理研究》2009 年第 3 期。

[105]张五六:《中国经济增长方式转变特征测度——基于贝叶斯时变参数状态空间模型》,《统计与信息论坛》2015 年第 6 期。

[106]张延群、娄峰:《中国经济中长期增长潜力分析与预测:2008—2020 年》,《数量经济技术经济研究》2009 年第 12 期。

[107]张延群、张沥元:《中国全要素生产率增长潜力分析——从历史和改革的视

角》,《中国科技论坛》2017 年第 11 期。

[108]赵留彦:《中国核心通胀率与产出缺口经验分析》,《经济学(季刊)》2006 年第 3 期。

[109]赵昕东、耿鹏:《基于 Bayesian Gibbs Sampler 的状态空间模型估计方法研究及其在中国潜在产出估计上的应用》,《统计研究》2009 年第 9 期。

[110]赵昕东:《基于 SVAR 模型的中国产出缺口估计与应用》,《经济评论》2008 年第 6 期。

[111]赵昕东:《基于菲利普斯曲线的中国产出缺口估计》,《世界经济》2008 年第 1 期。

[112]郑挺国、王霞:《中国产出缺口的实时估计及其可靠性研究》,《经济研究》2010 年第 10 期。

[113]郑新立:《如何释放经济发展的五大潜力》,《党政干部参考》2012 年第 5 期。

[114]中国发展研究基金会"博智宏观论坛"中长期发展课题组:《2035:中国经济增长的潜力、结构与路径》,《管理世界》2018 年第 7 期。

[115]中国经济增长前沿课题组:《中国经济长期增长路径、效率与潜在增长水平》,《经济研究》2012 年第 11 期。

[116]中国经济增长与宏观稳定课题组:《中国可持续增长的机制:证据、理论和政策》,《经济研究》2008 年第 10 期。

[117]中国人民银行营业管理部课题组(杨国中、李宏瑾等):《基于生产函数法的潜在产出估计、产出缺口及与通货膨胀的关系:1978—2009》,《金融研究》2011 年第 3 期。

[118]中国社会科学院宏观经济研究中心课题组:《未来 15 年中国经济增长潜力与"十四五"时期经济社会发展主要目标及指标研究》,《中国工业经济》2020 年第 4 期。

[119]周海春:《劳动力无限供给条件下的中国经济潜在增长率》,《管理世界》1999 年第 3 期。

[120]周克:《结构变化、生产率波动与中国经济增长减速》,《宏观质量研究》2017 年第 1 期。

[121]周晓艳、张杰、李鹏飞:《中国季度潜在产出与产出缺口的再估算——基于不可观测成分模型的贝叶斯方法》,《数量经济技术经济研究》2012 年第 10 期。

[122]祝梓翔、邓翔、赵绍阳:《中国经济波动来自趋势还是周期——基于多种 UC

模型的比较分析》,《统计研究》2018 年第 11 期。

[123] Adolfson M., "Monetary Policy Trade-Offs in an Estimated Open-Economy DSGE Model", *Monetary Economics*, Vol. 0, No. 14510, 2008.

[124] Albert G. Z., Zhang P, Zhao L., "China as Number One? Evidence from China's Most Recent Patenting Surge", *Journal of Development Economics*, No. 124, 2017.

[125] Barro R. J., Lee J-W., "A New Data Set of Education Attainment in the World: 1950-2010", *Journal of Development Economics*, Vol. 104, 2013.

[126] Baumol W. J., Bowen W. G., "On the Performing Arts: The Anatomy of Their Economic Problems", *American Economic Review*, Vol. 55, No.2, 1965.

[127] Blanchard O. J., Quah D., "The Dynamic Effects of Aggregate Demand and Supply Disturbances", *American Economic Review*, Vol. 79, No. 4, 1989.

[128] Blomstrom M., Sjoholm F., "Technology Transfer and Spillovers: Does Local Participation with Multinationals Matter?", *European Economic Review*, Vol. 43, 1999.

[129] Bloom D. E., Williamson J. G., "Demographic Transitions and Economic Miracles in Emerging Asia", *World Bank Economic Review*, Vol. 12, No. 3, 1998.

[130] Bollard A., Klenow P. J., Sharmac G., "India's Mysterious Manufacturing Miracle", *Review of Economic Dynamics*, Vol. 16, No. 1, 2013.

[131] Brandt L., Tomb T., Zhu X., "Factor Market Distortions Across Time, Space and Sectors in China", *Review of Economic Dynamics*, Vol. 16, No. 1, 2013.

[132] Brezis E. S., Krugman P. R., Tsiddon D., "Leapfrogging in International Competition: A Theory of Cycles in National Technological Leadership", *American Economic Review*, Vol. 83, No. 5, 1993.

[133] Bullard J., Keating J. W., "The Long-run Relationship Between Inflation and Output in Postwar Economies", *Journal of Monetary Economics*, Vol. 36, No. 3, 1995.

[134] Camba-Mendez G., Rodriguez-Palenzuela D., "Assessment Criteria for Output Gap Estimates", *Economic Modelling*, Vol. 20, No. 3, 2003.

[135] Choudhry M. T., Elhorst J. P., "Demographic Transition and Economic Growth in China, India and Pakistan", *Economic Systems*, Vol. 34, No. 3, 2010.

[136] Chow G. C., "Capital Formation and Economic Growth in China", *The Quarterly Journal of Economics*, Vol. 108, No. 3, 1993.

[137] Cohen W. M., "Fifty Years of Empirical Studies of Innovative Activity and

Performance", in B. H. Hall and N. Rosenberg, eds., *Handbook of the Economics of Innovation* 1", *Oxford*: *Elsevier*, 2010.

[138] Crowley P. M., Maraun D., Mayes D., "How Hard is the Euro Area Core? : An Evaluation of Growth Cycles Using Wavelet Analysis", *Social Science Electronic Publishing*, Vol. 206, 2007.

[139] Devereux, Griffith, Simpson, "The Geographic Distribution of Production Activity in the UK", *The Institute for Fiscal Studies*, No. 26, 1999.

[140] Diego Restuccia, "Richard Rogerson, Misallocation and Productivity", *Review of Economic Dynamics*, Vol. 16, No. 1, 2013.

[141] Don Tapscott, *The Digital Economy*: *Promise and Peril in The Age of Networked Intelligence*, McGraw-Hill, 1995.

[142] Dupasquier C., Guay A., St-Amant P., "A Survey of Alternative Methodologies for Estimating Potential Output and the Output Gap", *Journal of Macroeconomics*, Vol. 21, No. 3, 1999.

[143] Eichengreen B., Park D., Shin K., "When Fast-Growing Economies Slow Down: International Evidence and Implications for China?", *Asian Economic Papers*, Vol. 11, No. 1, 2012.

[144] Ellison, Glaeser, "Geographic Concentration in U.S. Manufacturing Industries: A Dartboard Approach", *Journal of Political Economy*, No. 105, 1997.

[145] Fagerberg J., "Technology and International Differences in Growth Rates", *Journal of Economic Literature*, No. 32, 1994.

[146] Fogel R. W., Why China is Likely to Achieve its Growth Objectives, *NBER Working Papers*, 2016.

[147] Fuchs V. R., *The Service Economy*, New York: Columbia University Press, 1968.

[148] Gelman A., Rubin D. B., "Inference from Iterative Simulation Using Multiple Sequences", *Statistical Science*, Vol. 7, No. 4, 1992.

[149] Giannetti M., Liao G., Yu X., "The Brain Gain of Corporate Boards: Evidence from China", *Journal of Finance*, Vol. 70, No. 4, 2015.

[150] Hall B. H., Lerner J., The Financing of R&D and Innovation, *Handbook of the Economics of Innovation*, 2010.

[151] Harvey A. C., "Trends and Cycles in Macroeconomic Time Series", *Journal of*

Business & Economic Statistics, Vol. 3, No. 3, 1985.

[152] Hobday M., "Innovation in East Asia: Diversity and Development", *Technovation*, Vol. 15, No. 2, 1995.

[153] Hodrick R. J., Prescott E. C., "Postwar U.S. Business Cycles: An Empirical Investigation", *Social Science Electronic Publishing*, Vol. 29, No. 1, 1997.

[154] Hsieh C. T., Klenow P. J., "Misallocation and Manufacturing TFP in China and India", *The Quarterly Journal of Economics*, Vol. 124, No. 4, 2009.

[155] Jefferson G.H., Bai H., Guan X., and Yu X., "R&D Performance in Chinese industry," *Economics of Innovation & New Technology*, Vol. 15, No. 4-5, 2006.

[156] Joel M. D., Hugo A. H., Venky V., "Information, Misallocation and Aggregate Productivity", *NBER Working Paper*, No. 20340, 2016.

[157] Kuttner, Kenneth N., "Estimating Potential Output as a Latent Variable", *Journal of Business & Economic Statistics*, Vol. 12, No. 3, 1994.

[158] Lake A. W., "Technology Creation and Technology Transfer by Multinational Firms", *Research in International Business & Finance*, Vol. 1, No. 2, 1979.

[159] Lee J. W., Hong K., "Economic Growth in Asia: Determinants and Prospects", *Japan and the World Economy*, Vol. 24, No. 2, 2010.

[160] Lee K., Lim C., "Technological Regimes, Catching - up and Leapfrogging: Findings from Korean Industries", *Research Policy*, No. 30, 2001.

[161] Linsu Kim, *Imitation to Innovation*, Cambridge Mass: Harvard Business School Press, 1997.

[162] Mathews J.A., Cho D.S., "Combinative Capabilities and Organizational Learning in Latecomer Firms: The Case of the Korean Semiconductor Industry", *Journal of World Business*, Vol. 34, No. 2, 1999.

[163] Norden S. V., "Why Is It So Hard to Measure the Current Output Gap?", *Macroeconomics*, Vol. 17, No. 1, 1995.

[164] OECD, "Looking to 2060: Long - term Global Growth Prospects", *OECD Economic Policy Papers*, No. 3, 2012.

[165] Ohno K., "Overcoming the Middle-Income Trap: The Challenge for East Asian High Performers", *Working Paper Presented at WB Conference*, 2009.

[166] Patel P., Pavitt K., "Large Firms in the Production of the World's Technology:

An Important Case of ‘Non-Globalisation’”, *Journal of International Business Studies*, No. 22, 1991.

[167] Pritchett L., Summers L. H., “Asiaphoria Meets Regression to the Mean”, *NBER Working Papers Series*, 2014.

[168] Proietti T., Musso A., Westermann T., “Estimating Potential Output and the Output Gap for the Euro Area: A Model-based Production Function Approach”, *Empirical Economics*, Vol. 33, No. 1, 2007.

[169] PWC, “The Long View: How Will the Global Economic Order Change by 2050?”, 2017.

[170] Rawski T., Perkins D. H., *Forecasting China's Economic Growth to* 2025(*China's Great Economic Transformation*), Cambridge: Cambridge University Press, 2008.

[171] Scacciavillani F., Swagel P., “Measures of Potential Output: An Application to Israel”, *Applied Economics*, Vol. 34, No. 8, 2002.

[172] Scherer F. M., “Market Structure and the Employment of Scientists and Engineers”, *American Economic Review*, Vol. 57, No. 3, 1967.

[173] Schumpeter J. A., *Capitalism, Socialism and Democracy*, London: Routledge, 1994.

[174] Tong T. W., He W., He Z. L., Lu J., “Patent Regime Shift and Firm Innovation: Evidence from the Second Amendment to China's Patent Law”, *Academy of Management Annual Meeting Proceedings*, No.1, 2014.

[175] Zhang C., Murasawa Y., “Output Gap Measurement and the New Keynesian Phillips Curve for China”, *Economic Modelling*, Vol. 28, No. 6, 2011.

[176] Zhuang, J. Vandenberg, Y. P. Huang, *Growing Beyond the Low-Cost Advantage: How the People's Republic of China Can Avoid the Middle-Income Trap*, Manila: Asian Development Bank, 2012.

后　　记

《中国经济增长潜力:测度判断与方向路径》是国家社会科学基金青年项目、陕西省“高层次人才特殊支持计划”青年拔尖项目、陕西省普通高等学校优势学科建设项目的成果。

从2008年上硕士,我就开始关注中国经济转型与发展问题,直到博士毕业入职学校任教师。“新常态背景下中国经济增长潜力的测度及趋势分析研究(15CTJ007)”国家社科基金的成功立项也是对我坚持中国经济增长研究的一种“回馈”。在中国面对诸多转变的百年未有之大变局下,研究未来中国经济增长的潜力,把握大潮流下中国的前进方向,这项工作显得重要且有意义。

在持续推进有关中国经济增长潜力估算的研究工作中,首先,感谢我的第一个导师南京大学数字经济与管理学院任保平教授,是他从本科到硕士再到博士一直指导我在经济增长的“大河”里畅游,指导我本书的课题申报、学术研究和书稿撰写以及图书出版,并在百忙之中为本书作序。其次,感谢我的第二个导师南京大学商学院安同良教授,安老师是我的博士后合作导师。安老师将我领进了一个新的前沿领域,即从企业创新等更微观的视角去思索中国经济增长的宏观问题,从而为宏观“大问题”寻找一个自洽的微观逻辑。在研究该课题和撰写本书时,安老师启发我的思维也融入了研究中。在“技术赶超视角下重估增长潜力”这章,与安老师合作有关中国制造业行业技术水平全球方位的判别和面向高质量发展的中国创新驱动的两篇论文分别发表在《中国社会科学》《中国科技论坛》,感谢安老师拓展了我做研究的深度和广度。最后,感谢我的第三个导师中国社会科学院的倪鹏飞教授,自从十年前在社科院实习认识倪老师后,倪老师任何时候对我的偏爱都要多一分,这些年也是多次提供机会让我学习和成长。

在本书的写作过程中,我团队的学生们对我研究工作的推进提供了大量帮助。我指导的硕士研究生代瑞轩、杜欣娱、刘旭智、杜莹、杨超、孙佳莹协助我完成了部分章节的数据处理和文字修订工作。我的同事李勇副教授在“资源配置效率改善视角下中国经济增长潜力的估算和研判”这章中,在资源错配测度等方面给了我很多指导,这也是和李老师多年合作中部分成果的体现,感谢李老师长久以来对我思路的启发和逻辑的指导。感谢我的师妹陕西师范大学的王竹君博士,在BGS状态空间模型的估计以及软件的操作方面给了我很多指导,在全书工具实现方面贡献了很多自己的想法。可以说,本书的顺利完成,离不开大家的辛勤劳动,是团队的集体成果。

感谢任老师团队中的同门们,感谢安老师团队中的同门们,感谢倪老师团队中的同门们,在多年的学习、交流和合作中,他们给予了我很多建设性的意见。感谢西北大学社科处李丰庆老师、邵平老师在项目申请、推进和结题过程中给予的热心帮助。感谢西北大学经济管理学院吴振磊教授、马莉莉教授、茹少峰教授、高煜教授、何爱平教授、钞小静教授、吴丰华教授、郭晗副教授、杜勇书记、李辉副院长、岳莉萍副院长、康蓉副院长、焦晶博士、宋文月博士对本书给予的大力支持。感谢南京大学数字经济与管理学院师博教授、王大中教授对我的帮助和指导。感谢陕西师范大学李娟伟副教授、西安理工大学刚翠翠博士、西安邮电大学张如意博士、西安财经大学李梦博士,与诸位多年的情谊和讨论总让我不断成长。感谢人民出版社经济与管理编辑部主任郑海燕编辑对本书提出的有益建议和细致编辑,使本书增色不少。

进行该书的撰写时，我正身怀六甲，如今小家伙已经快三岁了。这期间我也在不断地完善本书、更新数据。虽然本书写作的时间漫长，但总算是完成了一件自认还算基本满意的“浩大工程”。将此书献给我的闺女张禾薇和我的先生张文宇，以此来纪念当年怀胎仍做研究的难忘时光。

魏　婕

2023 年 6 月于西北大学长安校区